政治・経済
計算&論述 特訓 問題集

河合塾講師 栂 明宏・吉見直倫 共著

河合出版

はじめに

「計算問題はどうやって攻略すれば良いですか？」、「論述対策ってどうしたら良いですか？」──予備校で多くの受験生から受ける相談です。

計算問題は、国公立大二次試験や私立大入試だけでなく、大学入試センター試験でも少なからず出題されます。そして論述問題は、二次・私大でよく出題されています。ならば、当然にその対策はしておきたいところです。**計算問題・論述問題は、さまざまなパターンの問題にあたって経験を積むことが大切**なのですが、市販の問題集でも多くは扱われておらず、その機会に恵まれないという状況がありました。冒頭のような相談を受けるたびに、「そうした対策に有益な学習教材があれば良いのに」と思ってきました。それがようやく実現しました。**本書は、計算と論述に特化した、「政治・経済」問題集**です。ぜひとも本書を活用して、しっかりと計算と論述の対策をしてください。

とはいえ、計算問題であれば、「算数レベルじゃん」といったわりと簡単な設問から、「これって数学の問題じゃないの」と思えるような設問まで、難易度や必要な技能に差もあります。論述問題であれば、単純な定義問題から自分の考えをまとめる問題、指定字数も20字程度からかなりの字数のものまであり、パターンは多岐にわたります。そこで**本書は、みなさんの志望校の入試傾向に合った活用ができるように工夫をしました**。活用の仕方は、次にある「本書の構成と使い方」を参照してください。

標準的なパターンの問題を攻略し、さらに計算問題・論述問題を固めれば、入試対策としてまさに「鉄壁」、「鬼に金棒」です。みなさんが入試合格を勝ち取るための、本書は一助になれるものと思います。では、早速はじめましょう。

栂　明宏・吉見直倫

本書の構成と使い方

（1）
　本書は大きく、「**第1部　計算問題編**」と「**第2部　論述問題編**」に分かれています。それぞれの部とも、構成はほぼ共通しています。
　それぞれの部のはじめには「**ガイダンス**」があり、全体的な留意事項や心構えのほか、計算問題や論述問題の出題パターンについて説明しています。まずはこの「**ガイダンス**」を一読してください。そして、学習分野に応じて章を設け、メインとなる「**例題**」と、それに対応する「**練習問題**」が掲載されています。なお、「**練習問題**」の解答は別冊にまとめられています。

（2）
　「**例題**」「**練習問題**」とも、一つずつの設問について、難易の目安を「★」印を使って3段階で示すとともに、設問のパターンを示しました（パターンの分け方については「**ガイダンス**」を参照してください）。これを目安に、自分の志望校や学習状況に応じた使い方ができると思います。
　たとえば「計算問題編」であれば、「数学はちょっと苦手なんだよね」という人は、まずは「★☆☆」のランクの問題に一通り挑むことから始めましょう（「★★★」のランクの問題は飛ばして後回しにして良いでしょう）。あるいは論述編でも、「志望校では定義を簡潔に答える問題が中心なんだよな」という人は、「簡潔定義型」と表示されている問題に優先的に取り組みましょう。

（3）
　ところどころに「**漢字ドリル**」というミニコーナーを設けました。全部で40あります。論述問題に限らず単語を記述する問題でも、誤字で失点してしまう人は後を絶ちません。そこで、間違えやすい漢字の書き取りドリルを採り入れました。こちらも「自分できちんと書いてみる」ことを実践し、知識の点検に役立ててください。なお、参考までに「誤答例」も付けました。

目　　次

第1部　計算問題編

ガイダンス
- 総論 ……………………………………………………………… 10
- 計算問題のパターン …………………………………………… 11

第1章　基本的な計算技能
- 例題 1　計算技能の確認（中学数学）……………………… 12
- 練習問題 1　基本的な計算技能 ……………………………… 15

第2章　政治分野
- 例題 2　地方自治法上の直接請求 …………………………… 16
- 例題 3　比例代表選挙における議席の配分（ドント式）…… 18
- 練習問題 2　政治分野 ………………………………………… 21

第3章　市場機構
- 例題 4　市場機構 ……………………………………………… 24
- 例題 5　市場機構──従量税 ………………………………… 26
- 例題 6　市場機構──従価税 ………………………………… 28
- 例題 7　市場機構──貿易市場と関税収入 ………………… 30
- 例題 8　需要の変化（弾力性）……………………………… 32
- 練習問題 3　市場機構 ………………………………………… 33

第4章　金融・財政
- 例題 9　信用創造額の計算 …………………………………… 36
- 例題 10　利回り・金利の計算 ………………………………… 38
- 例題 11　税額計算 ……………………………………………… 40
- 例題 12　基礎的財政収支と国債依存度 ……………………… 42
- 練習問題 4　金融・財政 ……………………………………… 44

第5章　国民所得計算
- 例題 13　国民所得計算(1) ……………………………………… 46
- 例題 14　国民所得計算(2) ……………………………………… 49
- 例題 15　国民所得計算(3) ……………………………………… 52

例題 16	経済成長率の計算	54
例題 17	GDPデフレーター (物価指数)	56
例題 18	政府支出が国民所得に及ぼす影響	58
例題 19	国富・国民総資産の計算	60
練習問題 5	国民所得計算	62

第6章　比較生産費説

例題 20	比較生産費説 (基礎)	68
例題 21	比較生産費説 (応用①)	72
例題 22	比較生産費説 (応用②)	74
例題 23	比較生産費説 (応用③)	78
練習問題 6	比較生産費説	82

第7章　国際収支・為替レート

例題 24	国際収支表	84
例題 25	為替レートの変動	86
例題 26	為替レートの計算	88
例題 27	購買力平価説	90
練習問題 7	国際収支・為替レート	92

第8章　その他計算問題

例題 28	ローレンツ曲線とジニ係数	94
例題 29	期待値の計算	98
練習問題 8	その他計算問題	100

第2部　論述問題編

ガイダンス

・総論	102
・論述問題のパターン	104
・論述答案作成上の注意と技術	105

第1章　民主政治の基本原理・日本国憲法の基本原理

例題 1	社会契約説	106
例題 2	法の支配	108
例題 3	女子差別撤廃条約と日本の対応	110

例題 4	大日本帝国憲法	111
例題 5	集団的自衛権	112
例題 6	平等権	113
例題 7	表現の自由	114
例題 8	政教分離原則	115
例題 9	死刑制度	116
例題 10	生存権	118
例題 11	新しい人権	119
練習問題 1	民主政治の基本原理・日本国憲法の基本原理	120

第2章　日本の政治機構・現代政治の特質と課題

例題 12	衆議院の優越	122
例題 13	衆議院の解散	123
例題 14	司法権の独立	124
例題 15	陪審制と裁判員制度	125
例題 16	地方自治の本旨	126
例題 17	住民投票	127
例題 18	小選挙区制と比例代表制	128
例題 19	一票の格差	129
例題 20	行政委員会	130
練習問題 2	日本の政治機構・現代政治の特質と課題	131

第3章　現代の国際政治・国際社会の諸課題

例題 21	集団安全保障	133
例題 22	国際裁判	134
例題 23	PKOと国連軍	135
例題 24	武力紛争の数とPKOの活動数の推移	136
練習問題 3	現代の国際政治・国際社会の諸課題	139

第4章　現代経済の仕組み

例題 25	市場メカニズム	140
例題 26	公共財	143
例題 27	合同会社・合資会社・合名会社	144
例題 28	間接金融・直接金融	145
例題 29	消費税の逆進性と所得税の累進性	146
例題 30	ビルト・イン・スタビライザー	147

| 例題 31 | デフレーション | 148 |
| 練習問題 4 | 現代経済のしくみ | 149 |

第5章　日本経済の発展と諸課題・労働と社会保障

例題 32	バブル経済	150
例題 33	国内産業の空洞化	151
例題 34	経済の二重構造	152
例題 35	食糧管理制度	154
例題 36	消費者問題	156
例題 37	持続可能な開発	157
例題 38	将来の人口減少に対する施策と労働力人口比率を向上させる施策	158
例題 39	公的扶助と社会保険	160
練習問題 5	日本経済の発展と諸課題・労働と社会保障	161

第6章　国際経済

例題 40	FTA と EPA	163
例題 41	変動相場制	164
例題 42	双子の赤字	165
練習問題 6	国際経済	166

●編集協力：宮﨑尚夫（河合塾元講師）

・本書の内容は、2021年5月現在のものです。

第 1 部

計算問題編

《計算問題編　ガイダンス》

■計算問題での得点力を育成するためには問題演習を重ねることが大切

　この計算問題編では、そのタイトルのとおり、大学入試「政治・経済」でしばしば問われる計算問題に焦点をあてて演習することを通じて、その対応について学習します。入試本番レベルの問題の演習を重ねていけば、おのずと入試合格に必要な得点力は育つはずです。

■計算問題編の特長

　この編の問題集は、実際の入試の過去問や独自に作成した問題をもとに編集・作成したものとなっています。そして設問は、「例題」と「練習問題」とに分けて掲載しています。「例題」では、単元ごとに代表的な計算問題を取り上げるとともに設問のポイントと解法を示し、"正解を導くための考え方"を確認していきます。「練習問題」では、「例題」で学んだ"正解を導くための考え方"を活用して実際に問題を解くことになります。

　「例題」と「練習問題」は、**難度の低い易問から難関私立大の難問まで幅広いレベルに対応**できるように、また、**大学入試において問われやすい計算パターンをほぼ網羅**できるように、分野・単元ごとに掲載することを心がけました。この編で扱われた計算問題をひと通り学べば、「政治・経済」の標準的な問題集あるいは過去問の演習とは異なるアプローチ（他の受験生を一歩リードするようなかたち）で、入試対応力を養成することができると確信しています。

■計算問題編を学習する上での注意

　掲載された設問の一つひとつを、**できる限り自力で解くことにしましょう（実際に手を動かして計算してみましょう）**。また、解答や解説を参照しながら、自分の考え方が適切であったかどうかを、しっかりと確認していきましょう。

　大切なことは、解答や解説、あるいは教科書・参考書などに立ち返りながら正解に至るための考え方を学び、次に同様の設問が出題されたときに対応できるように準備することです。たんに「解答して答え合わせをする」だけでなく、解説文を注意深く読み進め、計算問題への対応をマスターしていきましょう。

《計算問題のパターン》

　一口に計算問題といっても、そのパターンや対応にもさまざまなものがある。代表的なパターン5つを以下に示す。

パターン1　公式を用いて数値を求めるもの（公式利用型）
〈例〉　信用創造額、基礎的財政支支、国債依存度など
〈対応〉　公式の意味や活用法を押さえる。

パターン2　計算に注意が必要だが、解法パターンは定まっているもの
　　　　　　　　　　　　　　　　　　　　　　　　　　　（解法パターン型）
〈例〉　市場機構（均衡価格や均衡取引量を求めるもの）、経済成長率、比較生産費説（比較優位を見定めるもの）など
〈対応〉　知識および計算方法を理解し、解法パターンを正確に定着させる。

パターン3　テーマ的には定番だが数学的な思考が必要なもの（数学的思考型）
〈例〉　市場機構の応用問題、比較生産費説の応用問題など
〈対応〉　「○○の場合と△△の場合とでは何が違うか？」（場合分け）など、問題を様々な角度から考えていくことが大切。また、計算量が膨大になる問題への対応としては、計算問題の演習を重ねることによって"計算慣れ"や"数学的ひらめき"を磨きたい。

パターン4　与えられた情報から推論していくもの（情報推論型）
〈例〉　GDPデフレーター、購買力平価、ジニ係数など
〈対応〉　問題文中に示された記述や数式を活用して正解を導く。

パターン5　与えられる情報が乏しく、教科書の知識のみでは対応しにくいもの
　　　　　　　　　　　　　　　　　　　　　　　　　　　　（知識応用型）
〈例〉　税率表を用いた所得税額計算など
〈対応〉　本書の解説を参考にし、その解法を知っておく。

　各例題・練習問題がどのパターンに当たるかを（　）内の略称で示したので、参考にしてほしい。

第1章 基本的な計算技能

例題 1　計算技能の確認（中学数学）　　　解法パターン型　★☆☆

問 1　次の方程式を解きなさい。
(1)　$5x - 6 = 2x + 9$　　　(2)　$\dfrac{x+1}{2} = \dfrac{2x-1}{3}$

問 2　次の比例式について、x の値をそれぞれ求めなさい。
(1)　$12 : 9 = x : 6$　　　(2)　$7 : 4 = x : 20$

問 3　次の連立方程式を解きなさい。
(1)　$\begin{cases} y = -2x + 14 \\ y = 4x + 2 \end{cases}$　　　(2)　$\begin{cases} 4x - 3y = 20 \\ \dfrac{1}{2}x + \dfrac{3}{4}y = -2 \end{cases}$

問 4　2直線 $y = -x + 90$ と $y = 3x + 10$ の交点の座標を求めなさい。

問 5　次の文章中の空欄 A に入れるのに最も適当な数値を答えよ。
　500本のペンを生産することになり、現在までに380本の生産を終えたとする。生産が完了したペンの本数の割合は A ％ということになる。

問 6　次の文章中の空欄 B に入れるのに最も適当な数値を答えよ。
　通常3600円で販売されている商品が、今現在2700円で売られていたとする。この場合、この商品は B ％引きで販売されていることになる。

《設問のポイント》
　大学入試「政治・経済」の計算問題は、その多くが中学数学の計算技能を必要とするものである。特に「**一次方程式の解法**」「**連立方程式の解法**」「**比の計算・割合の計算**」を必要とするケースが多い。

解法

問1(1)　$5x - 6 = 2x + 9$

　　　↓　文字の項（$2x$）を左辺に、数の項（-6）を右辺に移項する。

　　　$5x - 2x = 9 + 6$
　　　　　$3x = 15$
　　　　　　$x = 5$　　（$15 \div 3 = 5$）

(2)　$\dfrac{x+1}{2} = \dfrac{2x-1}{3}$

　　　↓　両辺に分母の最小公倍数である6をかける。

　　　$3x + 3 = 4x - 2$
　　　　　　$x = 5$

問2(1)　$12 : 9 = x : 6$ より　（$A:B = C:D$ならば $AD = BC$）

　　　$12 \times 6 = 9 \times x$
　　　　　$72 = 9x$
　　　　　　$x = 8$　　（$72 \div 9 = 8$）

(2)　$7 : 4 = x : 20$ より

　　　$7 \times 20 = 4 \times x$
　　　　　$140 = 4x$
　　　　　　$x = 35$　　（$140 \div 4 = 35$）

問3(1)　$\begin{cases} y = -2x + 14 & \cdots ① \\ y = 4x + 2 & \cdots ② \end{cases}$

　　②を①に代入して、

　　　$4x + 2 = -2x + 14$
　　　　　$6x = 12$
　　　　　　$x = 2$　　（$12 \div 6 = 2$）

　　$x = 2$ を①に代入して計算すると、

　　　　　　$y = 10$　　（$-2 \times 2 + 14 = 10$）

(2)　$\begin{cases} 4x - 3y = 20 & \cdots ① \\ \dfrac{1}{2}x + \dfrac{3}{4}y = -2 & \cdots ② \end{cases}$

　　②の両辺に4をかけると、

　　　$2x + 3y = -8$　$\cdots ③$

①+③より、
$$4x - 3y = 20$$
$$+\underline{)2x + 3y = -8}$$
$$6x = 12$$

（$4x + 2x = 6x$）　　（$-3y + 3y = 0$）

$$x = 2$$

$x = 2$ を①に代入して、
$$4 \times 2 - 3y = 20$$
$$-3y = 12$$
$$y = -4$$

（$12 \div (-3) = -4$）

問4 2直線の交点の座標を求めるには、2式を連立して解けばよい。

$$\begin{cases} y = -x + 90 & \cdots ① \\ y = 3x + 10 & \cdots ② \end{cases}$$

①を②に代入して、
$$-x + 90 = 3x + 10$$
$$-4x = -80$$
$$x = 20$$

（$-80 \div (-4) = 20$）

$x = 20$ を①に代入して計算すると、
$$y = 70$$

（$-20 + 90 = 70$）

交点の座標は $(20, 70)$

問5 $\dfrac{380}{500} \times 100 = 0.76 \times 100$
　　　　　　　　　$= 76$（％）

問6 $\dfrac{2700}{3600} \times 100 = 0.75 \times 100$
　　　　　　　　　　$= 75$（％）

通常価格の75％で販売されているということは、通常価格の25％引きで販売されているということを意味する。

（$100\% - 25\% = 75\%$）

解答
問1 (1) $x = 5$　　(2) $x = 5$
問2 (1) $x = 8$　　(2) $x = 35$
問3 (1) $x = 2, y = 10$　　(2) $x = 2, y = -4$
問4 $(20, 70)$
問5 76
問6 25

練習問題 1　基本的な計算技能

問 1　ある国の人口が 1 億人、15 歳から 64 歳までの生産年齢人口が 7500 万人、労働力人口が 6000 万人、完全失業者が 300 万人だったとしたとき、この国の完全失業率を次の①〜⑥のうちから一つ選べ。

① 3%　　② 4%　　③ 5%　　④ 0.03%
⑤ 0.04%　⑥ 0.05%

（法政大）

問 2　2012 年度末の日本政府の長期債務残高は 942 兆円であった。日本の GDP（国内総生産）が 475 兆円であるとき、2012 年度末時点の長期債務残高の対 GDP 比は何% となるか。その数値を答えよ。ただし、小数点第 3 位以下を四捨五入せよ。

（愛知学院大）

問 3　2013 年度の財政投融資計画の規模は、同年度の一般会計予算の 20% に相当し、18.4 兆円であった。一般会計予算の金額はいくらか。

（愛知学院大）

問 4　所得 100、消費 75、飲食費 15、貯蓄 25 の世帯のエンゲル係数はいくらか。次の①〜⑤のうちから一つ選べ。

① 75%　　② 20%　　③ 15%　　④ 5%　　⑤ 4%

（大阪経済大）

問 5　事業を拡大するための資金を A、B、C の 3 氏から合計 8 億 1000 万円集めたとする。3 氏の出資額の割合が A：B ＝ 5：3、B：C ＝ 6：11 であったとき、この 3 氏の出資額はそれぞれいくらか。

第2章 政治分野

例題2　地方自治法上の直接請求　　　解法パターン型　★☆☆

次のア～エのうち、有権者数150,000人の地方公共団体においてなされる直接請求（地方自治法上の手続）について正しく説明しているものの組合せとして最も適当なものを、下の①～⑨のうちから一つ選べ。

ア　住民は、1,500人の有権者の署名をもって、地方公共団体の長に対して条例の制定または改廃の請求を行うことができる。
イ　住民は、3,000人の有権者の署名をもって、地方公共団体の長に対して事務監査請求を行うことができる。
ウ　住民は、50,000人の有権者の署名をもって、選挙管理委員会に対して議会の解散請求を行うことができる。
エ　住民は、100,000人の有権者の署名をもって、選挙管理委員会に対して地方公共団体の長の解職請求を行うことができる。

① アとイ　　② アとウ　　③ アとエ
④ イとウ　　⑤ イとエ　　⑥ ウとエ
⑦ アとイとウ　⑧ アとイとエ　⑨ イとウとエ

《設問のポイント》
地方自治法が定める**直接請求**の手続について、「**請求の種類**」「**必要署名数**」「**請求先**」を正確に把握しておく必要がある。

請求の種類	必要署名数	請求先	処理
条例の制定・改廃請求	有権者の50分の1以上	首長	首長が議会にかけ、その結果を公表
事務監査請求	有権者の50分の1以上	監査委員	監査の結果を公表し、首長・議会に報告
議会の解散請求	有権者の3分の1以上*	選挙管理委員会	住民の投票に付し、過半数の同意があれば解散する。
長・議員の解職請求	有権者の3分の1以上*	選挙管理委員会	住民の投票に付し、過半数の同意があれば解散する。
主要公務員の解職請求（副知事など）	有権者の3分の1以上*	首長	議会にかけ、3分の2以上の出席、その4分の3以上の同意があれば、職を失う。

* 有権者が400,000人を超える場合、必要署名数の要件が緩和されている。

ア：誤文。「1,500人」では必要署名数に届かない。条例の制定または改廃の請求を行うには、3,000人以上の有権者の署名（**有権者の50分の1以上**：150,000人 × $\frac{1}{50}$ = 3,000人）が必要となる。

イ：誤文。「地方公共団体の長」という部分を「監査委員」に置き換えると適当な記述となる。なお、事務監査請求を行うには、3,000人以上の有権者の署名（**有権者の50分の1以上**：150,000人 × $\frac{1}{50}$ = 3,000人）が必要となる。

ウ：正文。地方議会の解散請求を行うには、50,000人以上の有権者の署名（**有権者の3分の1以上**：150,000人 × $\frac{1}{3}$ = 50,000人）が必要となる。

エ：正文。地方公共団体の長（首長：都道府県知事や市町村長）の解職請求を行うには、50,000人以上の有権者の署名（**有権者の3分の1以上**：150,000人 × $\frac{1}{3}$ = 50,000人）が必要となる。

以上より、⑥の組合せが正解となる。

解答 ⑥

⑤

《設問のポイント》

表1からは、**ドント式**の配分方式に基づいて各党の議席獲得数を、表2からは、比例名簿および**惜敗率**に基づき比例区での当選者を、それぞれ考える必要がある。なお、ドント式の配分方法とは、政党の得票数を1、2、3……という正の整数で割り、その商が大きい順に定数分まで順位をつけ、各政党の獲得議席数を決める方法をいい、惜敗率とは、小選挙区での当選者の得票数に対する落選者の得票数の割合をいう。

解法

衆議院議員総選挙では、**小選挙区比例代表並立制**が採用されている。小選挙区が1区1名を当選させる方式であるのに対して、比例代表選挙は、**ドント式**によって比例配分された議席を、政党があらかじめ順位をつけた候補者名簿に基づいて、当選者を確定させていく方式をとっている。こうした制度の下、小選挙区での候補者は、同時に比例代表選挙の候補者名簿に登載すること（いわゆる**重複立候補**）が認められている。重複立候補者は、小選挙区で落選した場合であっても、比例名簿の登載順に、また名簿登載順が同じ場合には、**惜敗率**（小選挙区での当選者の得票数に対する落選者の得票数の割合）の大きい順に復活当選することができる。

本問を解答するには、まず表1から各党の議席獲得数を考える必要がある。表1のケースでは、次表のような結果（ドント式による比例配分の結果）が得られる（表中の①〜⑥は商の大きい方から並べた順位を示している）。

定数6				
政党名	A党	B党	C党	D党
得票数	303,600	292,500	174,600	100,200
÷1	① 303,600	② 292,500	③ 174,600	100,200
÷2	④ 151,800	⑤ 146,250	87,300	50,100
÷3	⑥ 101,200	97,500	58,200	33,400
÷4	75,900	73,125	43,650	25,050
議席獲得数	3	2	1	0

この表からわかるように、各党の議席獲得数は、A党が3議席、B党が2議席、C党が1議席、D党が0議席となる。したがって、A党の議席獲得数を2議席であるとする①〜③の記述は、いずれも適当でない。

次に**表2**から比例区での当選者を考える。**表2**によれば、名簿順位2位のスズキは小選挙区ですでに当選していることがわかる。したがって、スズキは除外される。また、比例代表選挙におけるA党の議席獲得数は3議席であることが判明しているので、表中の残る6名の中から3名が比例代表選挙における当選者となる。まず、タカハシは名簿順位1位であり、1位は1人しかいないので、当選する3名のうち、まず1人目としてタカハシが確定する。残る2人が名簿順位2位の中から決まることになるが、2位には重複立候補の3名（除外されたスズキを除く）がいる。重複立候補者について、名簿登載順が同じ（同一順位）である場合、惜敗率の大きい順に復活当選することになる（当落や惜敗率については、次表のようになる）。

名簿順位	候補者名（仮名）	立候補状況	当　落	惜敗率
①	タカハシ	比例のみ	比例代表で当選	―
2	スズキ	重複立候補	小選挙区で当選	―
②	サトウ	重複立候補	比例代表で復活当選	95%
2	ワタナベ	重複立候補	落　選	60%
②	タナカ	重複立候補	比例代表で復活当選	75%
6	ヤマダ	比例のみ	落　選	―
6	ナカムラ	比例のみ	落　選	―

サトウの惜敗率　19,950÷21,000×100 ＝ 95%
ワタナベの惜敗率　11,400÷19,000×100 ＝ 60%
タナカの惜敗率　11,250÷15,000×100 ＝ 75%

上の表からもわかるように、タカハシ、サトウ、タナカの3名が比例代表選挙における当選者となる（タカハシは名簿順に当選し、サトウ、タナカの2名は惜敗率の大きい順に復活当選）。したがって、⑤が正解となる。

解　答　⑤

練習問題2　政治分野

問6　次の表は衆議院議員比例代表選挙におけるある比例代表区のX～Z党の獲得票数を示したものである。この比例代表区の定数は9名であり、名簿届出政党はX～Z党の三つのみであるとする。現行の衆議院議員総選挙の比例代表選挙制度の下でこの比例代表区における各政党の獲得議席数を示す表中の　A　～　C　に当てはまる数の組合せとして最も適当なものを、下の①～⑦のうちから一つ選べ。

政　党	X 党	Y 党	Z 党
獲得票数	186,000	103,000	74,000
獲得議席数	A	B	C

① A 4　　B 3　　C 2
② A 4　　B 4　　C 1
③ A 5　　B 2　　C 2
④ A 5　　B 3　　C 1
⑤ A 5　　B 4　　C 0
⑥ A 6　　B 2　　C 1
⑦ A 6　　B 3　　C 0

問7 衆議院総選挙において、X党は小選挙区に届け出た候補者のうち、次の表のようにB、C、D、Eの4人を比例代表選挙の名簿にも登載した。選挙の結果、X党は、比例代表選挙区で2人の当選者を出すことになった。次の表を参考に、この選挙の結果について、下の(1)・(2)に答えよ。

小選挙区選挙（X党の候補者と選挙結果）

小選挙区名	立候補者名	選挙結果
甲	B	当選
乙	C	落選　惜敗率72%
丙	D	落選　惜敗率80%
丁	E	落選　惜敗率90%

比例代表選挙（X党の届出候補者名簿）

届出時の順位	立候補者名
1	A
2	B
2	C
2	D
5	E
6	F

(1) 候補者Cは乙小選挙区で40,000票の得票を得ながら落選した。この選挙区の当選者はどれくらいの得票で当選したと思われるか。最も近い数値を、次の①～⑤のうちから一つ選べ。

① 約55,000票　　② 約50,000票　　③ 約48,000票
④ 約45,000票　　⑤ 約44,000票

(2) X党は比例選挙区で2人の当選者を出すことになったが、X党の候補者のうち比例選挙区で最終的に当選した候補者2人は誰か。A～Fから2人を選べ。

(法政大)

漢字ドリル①

米軍はニチベイアンゼンホショウジョウヤクにもとづいて日本に駐留している。

〈解答〉日米安全保障条約
×日米安全保証条約

漢字ドリル②

国際連合は、平和維持の仕組みとして、集団アンゼンホショウ方式を採用している。

〈解答〉安全保障
×安全保証

漢字ドリル③

(a)サイシン、すなわち裁判のやり直しで無罪を勝ち取った人が、刑事(b)ホショウを請求した。

〈解答〉(a)再審、(b)補償
×(a)最審、(b)保証

漢字ドリル④

労働者災害(a)ホショウホケンは、社会(b)ホケンの一種である。

〈解答〉(a)補償保険、(b)保険
×(a)保証保険、保証保健、(b)保健

漢字ドリル⑤

公害健康被害(a)ホショウ法は、(b)オセンシャフタンの原則（PPP）を採っている。

〈解答〉(a)補償、(b)汚染者負担
×(a)保証、(b)汚染社負担

漢字ドリル⑥

(a)コウテキフジョは社会(b)ホショウ制度の一つである。

〈解答〉(a)公的扶助、(b)保障
×(a)公的付助、(b)保証

第3章 市場機構

例題4　市場機構　　　　　　　　　　解法パターン型　★☆☆

いま、価格をP、数量をQで示し、需要曲線が
$$Q = 200 - P$$
で与えられたとする。また、供給曲線は
$$Q = -100 + P$$
で示されるとする。

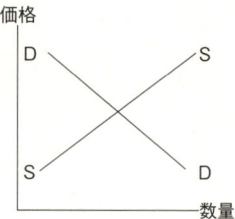

　この場合、均衡価格は A 、均衡取引量は B となる。ここで、政府が数量規制を行い、供給量を40に規制すれば、市場において成立する取引価格は C になり、消費者の利益が損なわれる。空欄 A ～ C に入る最も適当な数値を答えよ。

（早稲田大）

《設問のポイント》
　需要供給曲線の基本問題。 A ・ B は均衡価格と均衡取引量なのだから、与えられた需要曲線と供給曲線の交点を求めればよい。 C は要するに「供給量は40以上に増えない」ことから類推すればよい。

解法
　まず、 A ・ B から考える。均衡点を示す価格と数量を求めるのだから、**与えられた需要曲線と供給曲線を連立させてPとQを算出すればよい。**

$$\begin{cases} Q = 200 - P & \cdots① （需要曲線） \\ Q = -100 + P & \cdots② （供給曲線） \end{cases}$$

①を②へ代入すると、
$$200 - P = -100 + P$$

（Qが共通なのでそれを媒介にする）

$$-2P = -300$$
$$P = 150 \quad \cdots③$$

③を①に代入してQを求めると、

（もちろん②に代入してもよい）

$$Q = 200 - 150$$
$$= 50$$

ゆえに、A には「150」、B には「50」が、それぞれ入る。

次に、C を考える。「供給量を 40 に制限」ということは、本来の均衡取引量（いま求めたように 50）よりも少ししか供給されないのだから、品不足になって（超過需要が発生して）値上がりする。値上がりするにつれて需要量は減少するわけだが、**需要量が 40 まで減少すれば、供給量と一致して品不足（超過需要）は解消される。**

需要量が 40 となるような取引価格は、右図に示されるように p となるので、p の値を求めればよい。

需要曲線の式の数量 Q に、数量 40 を代入すればよいので

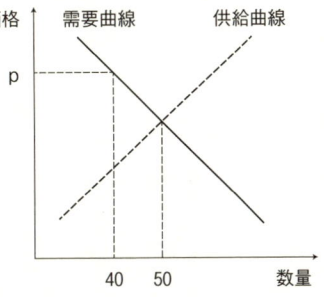

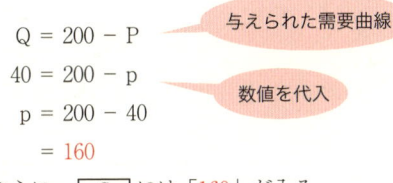

Q = 200 − P
40 = 200 − p
p = 200 − 40
　 = 160

ゆえに、C には「160」が入る。

解答　A　150　　B　50　　C　160

漢字ドリル⑦
国内総生産は、国内で生み出された<u>フカカチ</u>の総額である。

〈解答〉付加価値
　　　×賦課価値

漢字ドリル⑧
年金の運営方法には、積立方式と<u>フカ</u>方式がある。

〈解答〉賦課
　　　×付加

例題5　市場機構──従量税　　数学的思考型　★★☆

ある財について、価格をP、数量（需要量、供給量）をXとするとき、
$$\begin{cases} 需要曲線：P = -X + 10 \\ 供給曲線：P = X + 2 \end{cases}$$
の2式で表されるとする。この2式に関する次のⅠ・Ⅱの文章中の空欄 A ～ E に入れるのに最も適当な数値を答えよ。

Ⅰ　この財の均衡価格は A となり、均衡取引量は B となる。

Ⅱ　この財について、1単位当たり間接税が4だけ追加的に課されたとする。消費者の嗜好などその他の条件は変化しないことを前提とした場合、供給曲線が上（左）方向に間接税の増加分だけ移動することになる。このとき、移動後の供給曲線の式は、

　　　移動後の供給曲線：P = X + C

と表されることになる。そして、新しい均衡価格は D 、均衡取引量は E となる。

《設問のポイント》

従量税（**製品1単位当たりに課される税**）が新たに課された場合、**供給曲線は、傾きを変化させることなく、上（左）方向に移動（シフト）する**ことになる。供給曲線が移動した後の均衡価格および均衡取引量を求められるようにしよう。

解法

Ⅰ
$$\begin{cases} 需要曲線：P = -X + 10 \\ 供給曲線：P = X + 2 \end{cases}$$

上の2式を連立させてPとXを算出すると、P = 6、X = 4 となる。

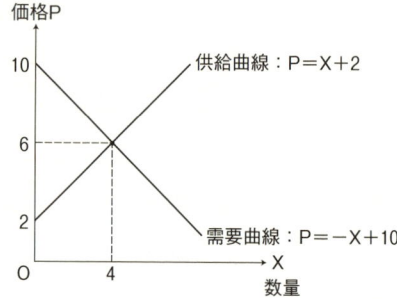

ゆえに、 A には「6」が、 B には「4」がそれぞれ入る。

Ⅱ　財1単位当たり間接税が4だけ追加的に課されることにより、**供給曲線は、傾きを変化させることなく、上方向に移動することになる。**

　　移動後の供給曲線：P ＝ X ＋ 2 ＋ 4
　　　　　　　　　　　＝ X ＋ 6

> 下図のように切片が4上がるので、切片に＋4

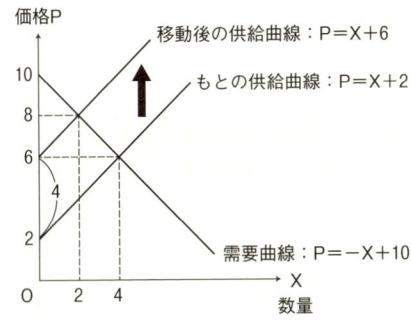

ゆえに、 C には「6」が入る。

$\begin{cases} 需要曲線：P = -X + 10 \\ 移動後の供給曲線：P = X + 6 \end{cases}$

上の2式を連立させてPとXを算出すると、P ＝ 8、X ＝ 2 となる。

ゆえに、 D には「8」が、 E には「2」がそれぞれ入る。

解　答　　A　6　　B　4　　C　6　　D　8　　E　2

漢字ドリル⑨

明治憲法では、天皇によるトウスイ権の独立が規定されていた。

〈解答〉　統帥権
　　　　×統師権

例題6　市場機構——従価税　　　　　　　　　　　数学的思考型　★★☆

ある財について、価格をP、数量（需要量、供給量）をXとするとき、

$$\begin{cases} 需要曲線：P = -\frac{1}{2}X + 110 \\ 供給曲線：P = 2X + 40 \end{cases}$$

の2式で表されるとする。この2式に関する次のⅠ・Ⅱの文章中の空欄 A ～ E に入れるのに最も適当な数値を答えよ。

Ⅰ　この財の均衡価格は A となり、均衡取引量は B となる。

Ⅱ　新たに政府が消費税を導入し、その税率が25％となったものとする。消費者の嗜好などその他の条件は変化しないことを前提とした場合、消費税の影響から供給曲線が上（左）方向に移動することになる。なお、移動後の供給曲線の式は、次のように求めることができる。

　　　もとの供給曲線：P = 2X + 40
　　　　　↓
　　　25％の課税（価格に対し一定比率の課税）
　　　　　↓
　　　移動後の供給曲線：P = 1.25 ×（2X + 40）

供給曲線が移動した後の均衡価格は C 、均衡取引量は D となる。また、このときの政府の消費税収入の額は E となる。

（青山学院大　改）

《設問のポイント》

従価税（消費税のように価格に対し一定の比率で課される税）が新たに課された場合、**供給曲線は、傾きを変化させつつ、上（左）方向に移動（シフト）する**ことになる。従量税の場合との違いを意識した上で、供給曲線が移動した後の均衡価格および均衡取引量を求められるようにしよう。

Ⅰ

$$\begin{cases} 需要曲線：P = -\frac{1}{2}X + 110 \\ 供給曲線：P = 2X + 40 \end{cases}$$

上の2式を連立させてPとXを算出すると、P = 96、X = 28 となる。

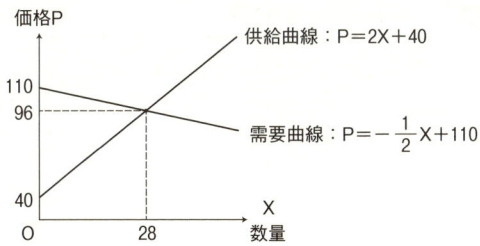

ゆえに、 A には「96」が、 B には「28」がそれぞれ入る。

Ⅱ 新たに25％の消費税が課されることにより、**供給曲線は、傾きを変化させつつ、上方向に移動することになる。**

移動後の供給曲線：P = 1.25 ×（2X + 40）　　価格×1.25
　　　　　　　　　 = 2.5X + 50　　$\frac{5}{2}$X + 50　も可

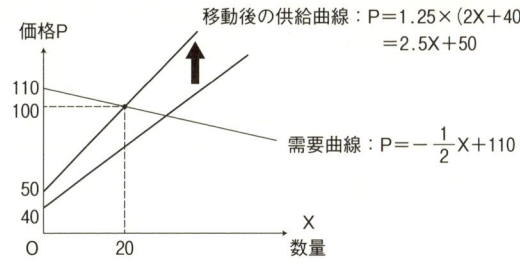

$$\begin{cases} 需要曲線：P = -\frac{1}{2}X + 110 \\ 移動後の供給曲線：P = 2.5X + 50 \end{cases}$$

上の2式を連立させてPとXを算出すると、P = 100、X = 20となる。

ゆえに、 C には「100」が、 D には「20」がそれぞれ入る。

均衡価格100（税込価格）で取引された場合の税抜価格（x）と税額（y）を考える。

　x（税抜価格）× 1.25 = 100（税込価格）　より　x = 80

　y（税額）= 100（税込価格）－ 80（税抜価格）
　　　　　　 = 20

政府の消費税収入は、**均衡取引量×税額**によって算出される。

　政府の消費税収入 = 20（均衡取引量）× 20（税額）
　　　　　　　　　 = 400

ゆえに、 E には「400」が入る。

解答　| A | 96 | B | 28 | C | 100 | D | 20 | E | 400 |

例題 7　市場機構——貿易市場と関税収入　　数学的思考型　★★☆

自由貿易の下で、ある製品の市場について考える。次の図において、Pは価格、Qは数量、Dは国内消費者の需要曲線（P = 14 − Q）、Sは国内生産者の供給曲線（P = Q + 2）をそれぞれ示している。

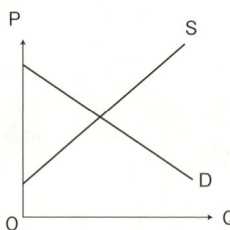

いま、この製品の国際価格は3で一定であり、この国は国内供給量と国内需要量との差だけ製品を輸入するものとする。この国の政府が国内生産者を保護するため、製品1単位当たり2の輸入関税を課した場合、関税収入の総額はいくらになるか。

（中央大　改）

《設問のポイント》

国際価格が3である製品に、輸入関税を2だけ上乗せして取引した場合、関税収入の総額はいくらになるか、が問われている。なお、**関税収入の総額は、「輸入量×製品1単位当たりの輸入関税の額」**によって求めることができる。

解法

国際価格と製品1単位当たりの輸入関税の額を足したものが国内取引価格となる。

3（国際価格）＋ 2（輸入関税）＝ 5（国内取引価格）

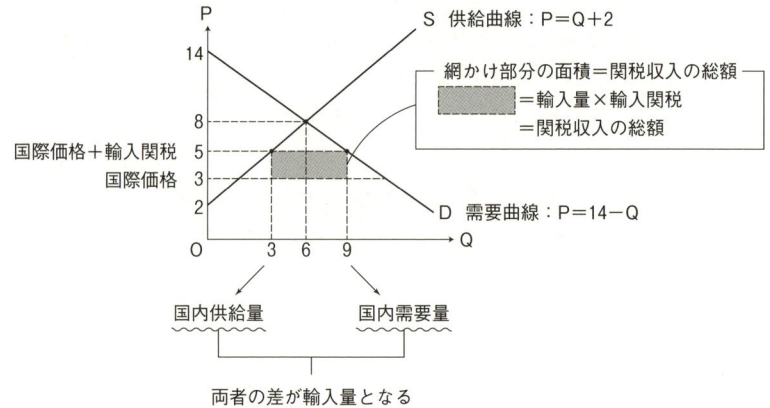

国内取引価格が5のとき、国内供給量と国内需要量は次のようになる。

国内供給量は、P＝Q＋2 に P＝5 を代入すれば算出できる。
$$Q = 3$$
国内需要量は、P＝14－Q に P＝5 を代入すれば算出できる。
$$Q = 9$$
国内では3しか供給がないのに9の需要がまかなわれているということは、不足する6が輸入量となる（∵ 9－3＝6）。

この輸入量6に対して2の輸入関税が課されるので、

6（輸入量）×2（輸入関税）＝ 12（関税収入の総額）

解 答 12

漢字ドリル⑩

(a)ギインナイカク制において、議会（下院）は内閣(b)フシンニンケツギ権をもつ。

〈解答〉(a)議院内閣制、(b)不信任決議
×(a)議員内閣制、(b)不信認決議

漢字ドリル⑪

(a)シュウギインや(b)サンギインの委員会は、(c)コウチョウカイを開催することがある。

〈解答〉(a)衆議院、(b)参議院、(c)公聴会
×(a)衆議員、(b)参議員、(c)広聴会

漢字ドリル⑫

日本の選挙においては、いわゆる一票の格差、すなわち(a)ギイン定数の(b)フキンコウが問題となっている。

〈解答〉(a)議員、(b)不均衡
×(a)議院、(b)不均衝

例題8　需要の変化（弾力性）　　　　　　　　　　情報推論型　★★★

需要の価格弾力性とは、価格が1%変化したときに需要量が何%変化するかを示す指標をいい、需要量の変化率を価格の変化率で割ったものと定義される。

現在の価格が500円で、需要量が1000単位であるとき、価格を550円に値上げすると需要量は880単位に下落するとしよう。この場合の需要の価格弾力性の値はいくつになるか。最も適当な数値を答えよ。　　　　　　　　　　（早稲田大）

《設問のポイント》

設問文中にある「需要の価格弾力性とは、価格が1%変化したときに需要量が何%変化するかを示す指標をいい、需要量の変化率を価格の変化率で割ったものと定義される」という説明に従い、与えられた数値を用いて計算するタイプの設問である。この設問を機に、**"弾力性とは何か"** を押さえておこう。

需要の価格弾力性 ＝ 価格が1%変化したときに需要が何%変化するかを示す指標

$$= \frac{\text{需要量の変化率}}{\text{価格の変化率}} = \left(\frac{\frac{\text{変化後の需要量} - \text{変化前の需要量}}{\text{変化前の需要量}} \times 100}{\frac{\text{変化後の価格} - \text{変化前の価格}}{\text{変化前の価格}} \times 100} \right)$$

$\boxed{○○}$の$\boxed{△△}$弾力性 → △△が1%変化したときに○○が何%変化するかを示す指標
　　例：需要の価格弾力性、需要の所得弾力性、輸入の所得弾力性など

解法

設問の指示通り、「**需要量の変化率**」を「**価格の変化率**」で割って求めればよい。

$$\text{需要の価格弾力性} = \frac{\frac{\text{変化後の需要量} - \text{変化前の需要量}}{\text{変化前の需要量}} \times 100}{\frac{\text{変化後の価格} - \text{変化前の価格}}{\text{変化前の価格}} \times 100}$$

$$= \frac{\frac{880-1000}{1000} \times 100}{\frac{550-500}{500} \times 100}$$

$$= \frac{-12}{10}$$

$$= -1.2$$

> 価格が1%変化（上昇）した場合、需要量は1.2%変化（減少）する。

解答　－1.2

練習問題3　市場機構

問8 売り手と買い手が多数存在し、取り扱われている財が同一か同質で、その取引に自由に参入退出でき、売り手や買い手が市場の情報を全て把握している状態を完全競争という。ある財 X の量と価格がそれぞれ X と P で表され、その需要曲線が X ＝ －2P ＋ 120 で、供給曲線が X ＝ 2P で与えられているものとする。完全競争市場の均衡を表す X と P を計算し、それぞれの値として最も適当なものを、次の①〜⑩のうちから一つずつ選べ。

① 10　② 20　③ 30　④ 40　⑤ 50
⑥ 60　⑦ 70　⑧ 80　⑨ 90　⑩ 100

(早稲田大)

問9 次の図は労働市場の需要曲線 D と供給曲線 S を表している。労働の価格を W、数量を L とし、労働の需要曲線と供給曲線の方程式が以下のように与えられるとき、以下の (1)・(2) に答えよ。

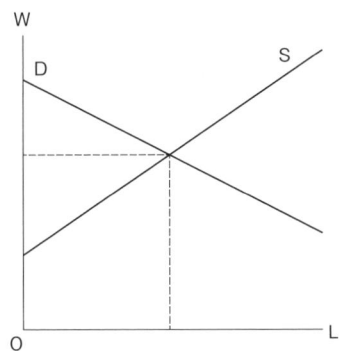

$$\begin{cases} 需要曲線 D \cdots W = 1000 － 0.1L \\ 供給曲線 S \cdots W = 400 ＋ 0.15L \end{cases}$$

(1) 労働の需要量と供給量が一致するときの価格はいくらか。数字を記せ。
(2) 労働の価格を賃金と呼び、最低賃金が 850 に設定されたとする。この最低賃金が支払われるときの超過供給はいくらか。数字を記せ。

(早稲田大)

問10　財Yの市場における需要曲線はQ = 100 − 2Pで、供給曲線はQ = − 20 + 2Pである。ここで、QとPはそれぞれ財Yの数量と価格を表す。政府は財Yの販売を拡大するため売り手への補助金政策を実行した。ただし、補助金の交付に関する事務費用をかからないものとする。次の枠内の文中の空欄　1　に入る最も適当な数値を答えよ。

> 財1単位当たりの補助金が10のとき、補助金の総額は　1　となる。ただし、売り手は補助金の金額分だけ安く買い手に売り、政府から補助金を受け取るものとする。

（青山学院大）

問11　次の文中の空欄　1　・　2　に入る最も適当な数値をそれぞれ答えよ。

　A国が農産物Xの輸入を禁止しているとき、A国内の農産物Xの市場における需要曲線はQ = 200 − 2Pで、供給曲線はQ = 0.5Pである。ここで、QとPはそれぞれ農産物Xの数量と価格を表す。農産物Xの輸入を許可するに際し、A国政府は、関税をかけ、輸入を許可する前と後の農産物Xからの農家の収入の差額を補助金で補填し、その補助金には関税収入を充てる政策を実行した。ただし、A国政府は輸入量が0になる関税はかけないものとする。また、輸送費や関税の徴収や補助金の交付に関する事務費用はかからないものとする。
　農産物Xの国際価格が40で、A国が農産物Xの輸入を開始しても国際価格には影響が無いとき、A国政府の関税収入額と補助金額とが等しくなる関税率は　1　％で、関税収入額は　2　である。

（青山学院大）

問12 輸入の所得弾力性とは、実質所得が1％変動するとき、輸入量が何％変動するかを示す指標をいう。輸入の所得弾力性に関する記述として**適当でないもの**を、次の①～④のうちから一つ選べ。

① 輸入の所得弾力性が正の数の場合、実質所得の減少は、輸入量の増大をもたらす。
② 輸入の所得弾力性が負の数の場合、実質所得の増加は、輸入量の減少をもたらす。
③ 輸入の所得弾力性が2の場合、1％の実質所得の増加は、輸入量を2％増加させる。
④ 輸入の所得弾力性が0.5の場合、1％の実質所得の減少は、輸入量を0.5％減少させる。

（早稲田大）

第4章 金融・財政

例題9　信用創造額の計算　　　　　　　　　　　公式利用型　★☆☆

市中銀行は、預金通貨を用いて信用創造を行うことによって、最初に受け入れた預金量をはるかに上回る額の貸出しが可能となる。銀行Aが、1000万円の預金を受け入れ、支払準備率（預金準備率）を10％として企業に貸し出すとする。さらにこの資金は、取引を経た後、銀行Bに預金される。銀行の支払準備率はすべて10％で一定であり、銀行からの貸出しがすべて預金される場合、信用創造額（銀行全体の貸出金の増加額）はいくらか。

《設問のポイント》

信用創造の計算問題では、公式を適切に使いこなせるようになりたい。なお、信用創造とは、銀行が新たな預金通貨を作り出すはたらきをいう。

解法

<信用創造額の公式>

$$信用創造額 = \frac{最初の預金（本源的預金）}{支払準備率} - 最初の預金（本源的預金）$$

最初の預金（本源的預金）が1000万円、支払準備率が10％（0.1）である場合、信用創造額は **9000万円** となる。

$$\frac{1000万円}{0.1} - 1000万円 = 9000万円$$

銀　行	預　金	支払準備金	貸出金
A	1000万円	100万円	900万円
B	900万円	90万円	810万円
C	810万円	81万円	729万円
⋮	⋮	⋮	⋮

最初の預金（本源的預金）

ここの総和が信用創造額

解答　9000万円

＜参考：信用創造額の公式の作り方＞

最初の預金（本源的預金）がA円、支払準備率（預金準備率）がX％（表中のxはXを100で割ったものとする）、銀行全体の貸出金の増加額（信用創造額）がB円であるとする。

銀　行	預　金	支払準備金	貸出金
S	A	xA	$(1-x)$A
T	$(1-x)$A	$x(1-x)$A	$(1-x)^2$A
U	$(1-x)^2$A	$x(1-x)^2$A	$(1-x)^3$A
⋮	⋮	⋮	⋮

←ここの総和が信用創造額B

信用創造額は、次の①式のように示すことができる。

$\quad$ B = $(1-x)$A + $(1-x)^2$A + $(1-x)^3$A + ⋯ $\quad$ ⋯①式

この①式の両辺をそれぞれ $(1-x)$ 倍すると②式のようになる。

$\quad (1-x)$B = $(1-x)^2$A + $(1-x)^3$A + $(1-x)^4$A + ⋯ $\quad$ ⋯②式

②式－①式によって③式をつくる。

$\quad\quad\quad (1-x)$B = $\quad\quad\quad (1-x)^2$A + $(1-x)^3$A + $(1-x)^4$A ⋯⋯
$-)\quad\quad\quad\quad$ B = $(1-x)$A + $(1-x)^2$A + $(1-x)^3$A + $(1-x)^4$A ⋯⋯
$\quad\quad (1-x)$B $-$ B = $-(1-x)$A $\quad\quad\quad\quad\quad\quad$ ⋯③式

③式を整理すると、次の④式となる。

$\quad$ B = $\dfrac{A}{x}$ $-$ A $\quad$ ⋯④式　　これが信用創造額の公式

例題10　利回り・金利の計算　　　数学的思考型・解法パターン型　★★☆

問1　次の文章について、空欄　ア　～　ウ　に入る最も適当なものを、下の①～⑨のうちからそれぞれ一つ選べ。

　　債券の利回りと債券の価格の関係を、額面1万円の1年物割引債、つまり1年後に額面の1万円が戻ってくる債券を例にとって考えてみよう。もし、この債券を1万円の価格で現在買ったとすると、利回りは　ア　%である。もし8000円の価格で買ったとすると、利回りは　イ　%になる。以上より、債券の利回りが　ウ　ことと債券の価格が下がることは同じことであることがわかる。

① 0　　② 5　　③ 15
④ 20　　⑤ 25　　⑥ 30
⑦ 上がる　　⑧ 下がる　　⑨ 変わらない

（國學院大）

問2　いま、手持ちの100万円を銀行に預金し、1年後に103万円を受け取ったとする。ただし、税金はかからないとする。同じ1年間に物価の水準が2%下落していたとすると、この1年間の実質金利に最も近い数値を、次の①～⑥のうちから一つ選べ。

① −0.97%　　② 1.00%　　③ 1.03%
④ 3.00%　　⑤ 3.03%　　⑥ 5.00%

（成蹊大）

《設問のポイント》

　問1を通じて、「債券価格が下がると利回り（利子率）は上がり、債券価格が上がると利回り（利子率）は下がる」ということを理解しておこう。また、問2を通じて、「名目値」と「実質値」と「物価水準」の関係を知っておきたい。

解法

問1　債券を1万円で買った場合と8000円で買った場合とに分けて考える。

　債券を1万円の価格で買った場合

　　債券を1万円で買う　→　1年後に1万円が戻ってくる　→　利回りは0%
　　[計算]　1万円 × x = 1万円
　　　　　　$x = 1$ （100/100）　すなわち 利回りは0%ということ。

> 債券を 8000 円の価格で買った場合

債券を 8000 円で買う　→　1 年後に 1 万円が戻ってくる　→　利回りは 25%

［計算］　8000 円 × x = 1 万円

x = 1.25（125/100）　すなわち 利回りは 25% ということ。

> 1.25 すなわち 125%のうち、100%は元本で、残る 25%が利回り分。

＜債券価格と利回り（利子率）の関係＞

・**債券価格が下がる**　＝　**利回り（利子率）が上がる**

・**債券価格が上がる**　＝　**利回り（利子率）が下がる**

問2　実質金利を求めるには、**当初の預金額と 1 年後の受取額の実質値をそれぞれ求める必要がある**（それぞれの実質値は次の表の通り）。

	名目値	物価指数	実　質　値
当初の預金額	100 万円	100	$\frac{100 \text{万円}}{100} \times 100 = 100$ 万円
1 年後の受取額	103 万円	98	$\frac{103 \text{万円}}{98} \times 100 =$ 約 105.102 万円

［実質金利の計算］　当初の預金額の実質値 × x% ＝ 1 年後の受取額の実質値

　　　　　　　　100 万円 × x% ＝ 約 105.102 万円

　　　　　　　　x = 1.0510…（105.10…/100）

　　　　　　　すなわち 金利はほぼ 5% ということになる。

＜名目値・実質値・物価指数の関係＞

・**名目値**とは、物価変動を考慮しないで表示される数値。

・**実質値**とは、物価変動を考慮した上で表示される数値。

・実質値は、名目値を物価指数（基準年を 100 とする）で割って 100 をかけることで算出される。

$$\frac{\text{名目値}}{\text{物価指数}} \times 100 = \text{実質値}$$

解　答　　問1　ア　①　　イ　⑤　　ウ　⑦　　問2　⑥

例題 11　税額計算　　　　　　　　　情報推論型・知識応用型　★★☆

問1　次の文章中の空欄 A に入れるのに最も適当な数値を答えよ。

　　消費税(付加価値税)の税率が8%であるときに、ある人が商品を購入するケースを想定する。この人物が支払った消費税込みの商品代金が81,000円であり、購入した商品はすべて消費税の課税対象である場合、この商品の課税前価格(消費税抜きの商品代金)は A 円となる。

（大阪経済大　改）

問2　付加価値税の最大の特徴は、税の累積が排除される点にある。この排除方法には様々な類型があるが、一つの類型として、製造、卸売、小売、といった取引の段階ごとに各事業者の売上額に課税する一方、課税の重複を回避するため、売上額にかかる税額から仕入れ額にかかる税額を控除し、その差引税額を納付する、という方法がある。この方法の下で、次の表のような取引が行われたとするとき、表中の（ あ ）・（ い ）に当てはまる数値をそれぞれアラビア数字で答えよ。ただし、付加価値税の税率は10%とする。

	原材料製造業者	完成品製造業者	卸売業者	小売業者	消費者
仕入れ額	0	100	340	690	1000
売上額	100	340	690	1000	
納付税額	(　　)	(あ)	(い)	(　　)	(　　)

（北海学園大）

問3　ある国における累進所得税について、課税所得額が100万円を超えると50万円刻みでその税率が1%ずつ加算されるものとする。課税所得額が230万円である場合、その所得税は総額でいくらになるか。次の税率表を参考にしつつ、その数値を求めよ。

税率表

適用課税所得	税率
100万円以下	10%
100万円を超え150万円以下	11%
150万円を超え200万円以下	12%
200万円を超え250万円以下	13%
250万円を超え300万円以下	14%
…………	……

（青山学院大　改）

《設問のポイント》

問1を通じて、課税前価格（税抜価格）と課税後価格（税込価格）と消費税率の関係を理解しておきたい。問2については、設問文の指示に従い、**売上額にかかる税額から仕入れ額にかかる税額を控除する**ことで納付税額を算出すればよい。問3はやや難しいが、計算そのものは比較的単純なものである。この設問を通じて、**累進所得税**（所得税の累進税率）についての計算方法を学び取ってほしい。

解法

問1 課税前価格×（1＋消費税率）＝課税後価格　という式を用いて考える。

$$\boxed{A} \times 1.08 = 81,000 \text{円} \quad \text{より} \quad \boxed{A} = 75,000 \text{円} \quad \text{となる。}$$

> 1.08 すなわち 108％。1 は本体価格の部分、0.08 すなわち 8％が消費税額の部分。

問2 各業者の納付税額は、**売上額にかかる税額から仕入れ額にかかる税額**を控除することで算出できる（売上額にかかる税額－仕入れ額にかかる税額＝納付税額）。

（あ）完成品製造業者の納付税額

340（売上額）× 10％（税率）－ 100（仕入れ額）× 10％（税率）＝ **24**

（い）卸売業者の納付税額

690（売上額）× 10％（税率）－ 340（仕入れ額）× 10％（税率）＝ **35**

問3 設問文によれば、「課税所得額が 100 万円を超えると 50 万円刻みでその税率が 1％ずつ加算される」ことになり、それぞれの税率は表のようになるという。この条件の下で、課税所得額が 230 万円である場合の所得税額は、次のように計算される。

100 万円以下の部分の所得に対する税額	100 万円× 10％＝ 10 万円
100 万円を超え 150 万円以下の部分の所得に対する税額	50 万円× 11％＝ 5.5 万円
150 万円を超え 200 万円以下の部分の所得に対する税額	50 万円× 12％＝ 6 万円
200 万円を超え 250 万円以下の部分の所得に対する税額	30 万円× 13％＝ 3.9 万円

課税所得額（波線部の合計）230 万円

所得税額の合計（下線部の合計）**25.4 万円**

解答

問1　75,000 円

問2　（あ）24　　（い）35

問3　25.4 万円（254,000 円）

例題12　基礎的財政収支と国債依存度　　　公式利用型 ★☆☆

次の図は、ある年度における仮想の財政状況（一般会計歳入・歳出）を示した統計である。この図からわかる基礎的財政収支（プライマリー・バランス）と国債依存度（公債依存度）の組合せとして正しいものを、下の①〜⑧のうちから一つ選べ。

歳入　合計 95.0兆円

租税・印紙収入 54.5兆円	国債（公債金）収入 38.0兆円	その他 2.5兆円

歳出　合計 95.0兆円

社会保障関係費 32.0兆円	国債費 24.0兆円	地方交付税交付金 15.0兆円	公共事業関係費 6.0兆円	文教・科学振興費 5.5兆円	防衛関係費 5.0兆円	その他 7.5兆円

	基礎的財政収支	国債依存度
①	14兆円の黒字	25%
②	14兆円の黒字	40%
③	14兆円の赤字	25%
④	14兆円の赤字	40%
⑤	16.5兆円の黒字	25%
⑥	16.5兆円の黒字	40%
⑦	16.5兆円の赤字	25%
⑧	16.5兆円の赤字	40%

《設問のポイント》

基礎的財政収支（プライマリー・バランス）とは、「歳入から公債などにより得られる借入金を除いた収入」から「歳出から過去の借入に対する償還および利払いを除いた支出」を差し引いたものをいい、国債依存度（公債依存度）とは、歳入に占める国債（公債金）収入の割合をいう。図中の数値を適切に用いて計算することがポイントとなる。

解法

基礎的財政収支を求める

基礎的財政収支（プライマリー・バランス）とは、「**歳入から国債（公債金）収入を除いた収入**」から「**歳出から国債費を除いた支出**」を差し引いた収支をいう。図中の数値を用いて計算すると、次のようになる。

（歳入－国債収入）－（歳出－国債費）
＝（95.0兆円－38.0兆円）－（95.0兆円－24.0兆円）
＝ 57.0兆円 － 71.0兆円
＝ － 14.0兆円

したがって、基礎的財政収支は 14.0兆円の赤字 ということになる。

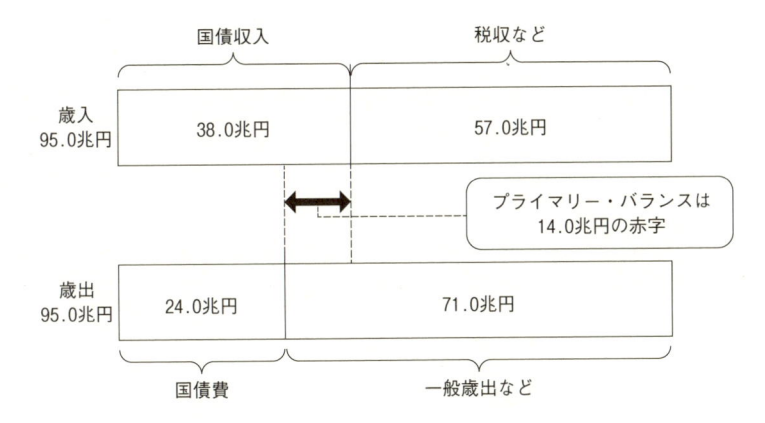

	国債収入	税収など
歳入 95.0兆円	38.0兆円	57.0兆円
歳出 95.0兆円	24.0兆円	71.0兆円
	国債費	一般歳出など

プライマリー・バランスは 14.0兆円の赤字

プライマリー・バランスが赤字（一般歳出など＞税収など）→債務残高は増加する
プライマリー・バランスが黒字（一般歳出など＜税収など）→債務残高は減少する

国債依存度を求める

国債依存度（公債依存度）とは、**歳入に占める国債（公債金）収入の割合**のことをいう。図中の数値を用いて計算すると、次のようになる。

国債収入 ÷ 歳入 × 100 ＝ 38.0兆円 ÷ 95.0兆円 × 100
　　　　　　　　　　　＝ 40

したがって、国債依存度は 40% ということになる。

以上より、④の組合せが正解となる。

解答 ④

練習問題4　金融・財政

問13 すべての市中銀行が、預金の20%の割合を中央銀行に預け、残りの80%を企業や家計に貸し出すものと仮定する。当初、ある市中銀行が10億円の預金を受け入れた場合、(1)信用創造額（市中銀行全体の貸出金の増加額）はいくらか。また、(2)市中銀行全体で最終的に預金総額はいくらになるか。(1)・(2) をそれぞれ答えよ。

（学習院大　改）

問14 常時5万円の年間利子が保証されている国債の価格が100万円から125万円に上がった。この国債の利回りの変化はいくらか。最も適当な記述を、次の①〜⑤のうちから一つ選べ。

① 5%のまま　　② 15%上がった　　③ 15%下がった
④ 1%上がった　　⑤ 1%下がった

（大阪経済大）

問15 消費税率に関連して、次の図は、その仕組みの例を示したものである。このケースでの消費税総額を、下の①〜④のうちから一つ選べ。ただし、ここでの消費税率は10%であるものとする。

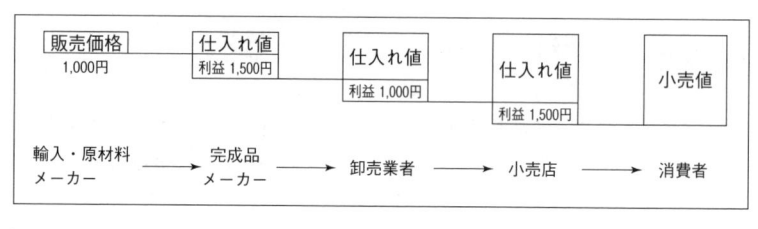

販売価格 1,000円	仕入れ値 利益1,500円	仕入れ値 利益1,000円	仕入れ値 利益1,500円	小売値

輸入・原材料メーカー → 完成品メーカー → 卸売業者 → 小売店 → 消費者

① 300円　　② 500円　　③ 800円　　④ 1,000円

（日本大　改）

問16 次の図表は課税所得に対する税率を示したものである。課税所得700万円の場合の所得税がいくらになるか計算し、最も適切な金額を記しなさい。

図表　所得税の累進税率

適用課税所得	税率
195万円以下	5%
195万円を超え 330万円以下	10%
330万円を超え 695万円以下	20%
695万円を超え 900万円以下	23%
900万円を超え 1800万円以下	33%
1800万円を超え	40%

出所：国税庁の資料より作成

（明治大）

問17 次の表は、収入階級別の世帯の消費税負担を比較したものである。表中の空欄 C に当てはまる第Ⅲ分位世帯の消費税負担額を計算し、最も適当な数値を下の①～④のうちから一つ選べ。ただし、表の消費税率は5%である。

(単位：万円／年)

	第Ⅰ分位	第Ⅱ分位	第Ⅲ分位	第Ⅳ分位	第Ⅴ分位
実収入	250	420	560	740	1200
消費支出（税込）	190	280	320	400	520
消費税負担	9	13	C	19	25

① 14　② 15　③ 16　④ 17

（京都産業大）

問18 日本における国の一般会計において、国債を除く歳入が60兆円、国債からの収入が40兆円、国債費が50兆円とする。これらの項目とその数値例のみから、基礎的財政収支（プライマリー・バランス）として最も適当なものを、次の①～④のうちから一つ選べ。

① 10兆円の黒字　② 10兆円の赤字
③ 50兆円の黒字　④ 50兆円の赤字

（青山学院大）

第5章 国民所得計算

例題13　国民所得計算（1）　　　　　　　解法パターン型　★★☆

みかん農家・ジュース工場・小売業者の三者が同一の国に存在し、みかん農家がみかんをジュース工場に売り、ジュース工場が小売業者にジュースを売り、小売業者が消費者にジュースを最終的に売るケースを想定する。このケースにおける流通経路が次の図のように示され、減価償却や税金、補助金はゼロであるとする。次の図の数値の例をもとにし、この図から読みとれる記述として正しいものを、下のア～エのうちから**過不足なく選べ**。

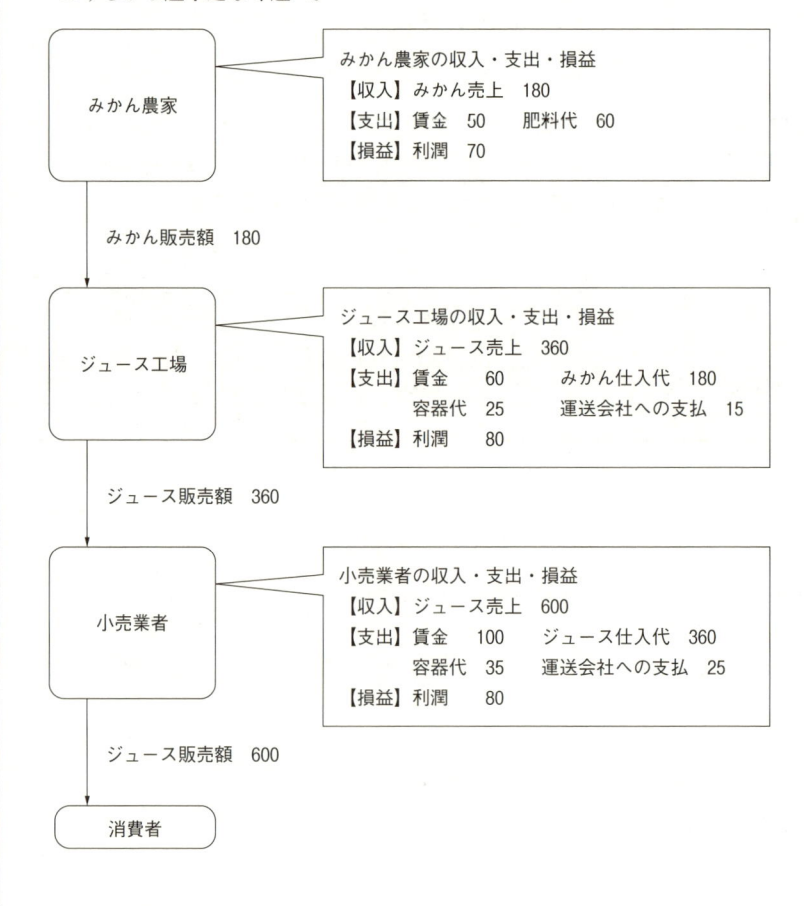

```
┌─────────┐      みかん農家の収入・支出・損益
│         │──── 【収入】みかん売上　180
│みかん農家 │     【支出】賃金　50　　肥料代　60
│         │     【損益】利潤　70
└────┬────┘
     │ みかん販売額　180
     ▼
┌─────────┐      ジュース工場の収入・支出・損益
│         │──── 【収入】ジュース売上　360
│ジュース工場│     【支出】賃金　60　　みかん仕入代　180
│         │           容器代　25　運送会社への支払　15
└────┬────┘     【損益】利潤　80
     │ ジュース販売額　360
     ▼
┌─────────┐      小売業者の収入・支出・損益
│         │──── 【収入】ジュース売上　600
│ 小売業者  │     【支出】賃金　100　ジュース仕入代　360
│         │           容器代　35　運送会社への支払　25
└────┬────┘     【損益】利潤　80
     │ ジュース販売額　600
     ▼
┌─────────┐
│  消費者   │
└─────────┘
```

ア　みかん農家の付加価値額は 70 になる。
イ　ジュース工場の付加価値額は 140 になる。
ウ　小売業者の付加価値額は 600 になる。
エ　みかん農家・ジュース工場・小売業者の三者の付加価値額の合計は 440 になる。

《設問のポイント》

この設問において**付加価値**の額を求める計算方法は 2 種類ある。いずれの方法から計算しても構わないが、そのどちらも活用できるようになりたい。

〈方法 1：三面等価の原則のうち生産面から考える〉

　　付加価値の額　＝　生産額　－　中間生産物の額
　　　　　　　　　　売上からわかる　　仕入代、肥料代、容器代、運送代
　　　　　　　　　　　　　　　（賃金は中間生産物の額に該当しない）

〈方法 2：三面等価の原則のうち分配面から考える〉

　　付加価値の額　＝　賃金　＋　利潤　＋　税金
　　　　　　　　　（設問の条件から減価償却や税金、補助金はゼロと考える）

解法

●みかん農家の付加価値の額
　〈方法 1〉　みかん売上 180 － 肥料代 60 ＝ **120**
　〈方法 2〉　賃金 50 ＋ 利潤 70 ＝ **120**

●ジュース工場の付加価値の額
　〈方法 1〉　ジュース売上 360 － みかん仕入代 180 － 容器代 25 － 運送会社への支払 15
　　　　　　＝ **140**
　〈方法 2〉　賃金 60 ＋ 利潤 80 ＝ **140**

●小売業者の付加価値の額
　〈方法 1〉　ジュース売上 600 － ジュース仕入代 360 － 容器代 35 － 運送会社への支払
　　　　　　25 ＝ **180**
　〈方法 2〉　賃金 100 ＋ 利潤 80 ＝ **180**

●みかん農家・ジュース工場・小売業者の三者の付加価値額の合計
　120（みかん農家）＋ 140（ジュース工場）＋ 180（小売業者）＝ **440**

ア　誤文。「70」ではなく「**120**」が正しい。
イ　正文。ジュース工場の付加価値額は「**140**」である。

ウ 誤文。「600」ではなく「180」が正しい。
エ 正文。三者の付加価値額の合計は「440」である。

解 答 イ・エ

〈参考：三面等価の原則〉

GDP（国内総生産）を三面からみると次のようになる。いずれから計算しても、理論上、その数値は等しくなる（**GDPにおける三面等価の原則**）。

GDP（国内総生産）＝ GDI（国内総所得）＝ GDE（国内総支出）

●生産面からみた GDP（国内総生産）
GDP ＝国内で生み出された付加価値の合計
　　　＝国内の総生産額－国内の中間生産物の額
●分配面からみた GDP ＝ **GDI（国内総所得）**
GDI ＝国内の賃金＋国内の利潤＋国内の税金
　　　＝雇用者報酬＋財産所得＋企業所得＋間接税－補助金
●支出面からみた GDP ＝ **GDE（国内総支出）**
GDE ＝国内向けの有効需要の大きさ
　　　＝消費＋投資＋政府支出＋輸出－輸入
　　　＝民間最終消費支出＋総資本形成＋政府最終消費支出＋輸出－輸入

GNP（国民総生産）を三面からみると次のようになる。いずれから計算しても、理論上、その数値は等しくなる（**GNPにおける三面等価の原則**）。

GNP（国民総生産）＝ GNI（国民総所得）＝ GNE（国民総支出）

例題14　国民所得計算（2）　　　解法パターン型　★★☆

次の文章中の空欄 ア ～ カ に入る最も適当な数値を、それぞれ答えよ。

　経済活動の規模を表す主要な指標がどのように算出されるのか、大幅に簡略化された世界を例に考えてみよう。世界にはA国とB国の2国のみが存在しているとする。A国の最終生産物は自動車であり、A国内では自動車メーカーと自動車の部品を生産する部品メーカー、鉄を生産する製鉄業者が活動している。一方、B国の最終生産物はパンであり、B国内では製パン業者と小麦粉を生産する製粉業者、小麦を生産する小麦農家、および両国の企業に燃料を供給する石油会社が活動している。いま、円建てに換算した各国のある年の生産活動の成果が以下の通りであったとする。

A国
・製鉄業者はB国の石油会社から20億円分の燃料を購入し、燃料のみを使用して140億円分の鉄を生産した。
・部品メーカーは製鉄業者が生産した鉄を全て買い取り、B国の石油会社から10億円分の燃料を購入して300億円分の自動車部品を生産した。
・自動車メーカーは部品メーカーが生産した部品を全て買い取り、B国の石油会社から20億円分の燃料を購入して520億円分の自動車を生産した。

B国
・小麦農家は石油会社から10億円分の燃料を購入し、燃料のみを使用して80億円分の小麦を生産した。
・製粉業者は小麦農家が生産した小麦を全て買い取り、石油会社から20億円分の燃料を購入して160億円分の小麦粉を生産した。
・製パン業者は製粉業者が生産した小麦粉を全て買い取り、石油会社から20億円分の燃料を購入して280億円分のパンを生産した。
・石油会社は中間生産物なしで100億円分の燃料を生産した。

　この場合、世界全体では ア 億円の付加価値が生み出されたことになる。内訳をみると、A国のGDP（国内総生産）は イ 億円、B国のGDPは ウ 億円となるから、B国内で生み出された付加価値はA国内で生み出された付加価値よりも エ 億円少ない。また、この年のA国の固定資本減耗が7億円、B国の固定資本減耗が2億円、A国のB国からの受け取り所得が5億円、A国からB国への燃料代以外の支払い所得が15億円であったならば、A国のNDP（国内純生産）は オ 億円、B国のNDPは カ 億円となる。

（同志社大）

50

> **《設問のポイント》**
>
> まずはA・B各国の**付加価値**の額（= **GDP**［**国内総生産**］）を計算し、両国の合計額や両国の差を求める。これにより、空欄 ア ～ エ に入る数値を解答することができる。
>
> 次にA・B各国の**NDP**（**国内純生産**）を計算する。NDPは、GDPから**固定資本減耗**を控除する（差し引く）ことで求めることができる。これにより、空欄 オ ・ カ に入る数値を解答することができる。

付加価値の額　＝　生産額　　－　　中間生産物の額
　　　　　　　　　（販売額）　　　　（仕入代、燃料代）

NDP（国内純生産）＝　GDP（国内総生産）－　固定資本減耗

解法

●まずは空欄 ア ～ エ について考える。

A国の付加価値（GDP）を求める

(1) 製鉄業者の付加価値

　　生産額140億円－燃料20億円＝120億円

(2) 部品メーカーの付加価値

　　生産額300億円－鉄140億円－燃料10億円＝150億円

(3) 自動車メーカーの付加価値

　　生産額520億円－部品300億円－燃料20億円＝200億円

(4) A国の付加価値（GDP）⇒ (1)～(3)の和

　　120億円＋150億円＋200億円＝**470億円**　　　← イ

B国の付加価値（GDP）を求める

(5) 小麦農家の付加価値

　　生産額80億円－燃料10億円＝70億円

(6) 製粉業者の付加価値

　　生産額160億円－小麦80億円－燃料20億円＝60億円

(7) 製パン業者の付加価値

　　生産額280億円－小麦粉160億円－燃料20億円＝100億円

(8) 石油会社の付加価値

　　生産額100億円　中間生産物なし　⇒　付加価値は100億円

(9) B国の付加価値（GDP）⇒ (5)～(8)の和

70億円 + 60億円 + 100億円 + 100億円 = 330億円　　← ウ

両国全体の付加価値を求める　⇒　(4)と(9)の和

　A国の付加価値470億円 + B国の付加価値330億円 = 800億円　　← ア

両国の付加価値の差額を求める　⇒　(4)と(9)の差

　A国の付加価値470億円 − B国の付加価値330億円 = 140億円　　← エ

● 次に空欄 オ ・ カ について考える。

A国のNDPを求める

　A国のNDP = A国のGDP470億円 − A国の固定資本減耗7億円
　　　　　 = 463億円　　← オ

B国のNDPを求める

　B国のNDP = B国のGDP330億円 − B国の固定資本減耗2億円
　　　　　 = 328億円　　← カ

解答　ア 800　イ 470　ウ 330　エ 140
　　　　オ 463　カ 328

〈参考：国民所得計算に関する各種公式〉

```
    GDP  ——（＋海外からの純所得）——→  GNP
   国内総生産                              国民総生産
     │                                      │
   （−固定資本減耗）                    （−固定資本減耗）
     ↓                                      ↓
    NDP                                    NNP
   国内純生産                              国民純生産
     │                                      │
   （−間接税 ＋補助金）                （−間接税 ＋補助金）
     ↓                                      ↓
     DI                                     NI
    国内所得                              国民所得
```

GNP　=　GDP　＋　海外からの純所得（所得純受取）
　　　=　GDP　＋　海外からの受け取り所得　−　海外への支払い所得
NDP　=　GDP　−　固定資本減耗
NNP　=　GNP　−　固定資本減耗
DI　 =　NDP　−　間接税　＋　補助金
NI　 =　NNP　−　間接税　＋　補助金

例題15 国民所得計算（3）　　解法パターン型 ★★☆

次の数値一覧は、ある年度における仮想のGDI（国内総所得）と、様々な国民所得統計を算出するために必要な項目およびそれぞれの額（兆円）を示したものである。この数値一覧についての記述として最も適当なものを、下の①〜④のうちから一つ選べ。

【項目】	【額（兆円）】
GDI（国内総所得）	470
消費（民間最終消費支出）	270
投資（総資本形成）	120
政府支出（政府最終消費支出）	90
輸出	40
輸入	50
雇用者報酬	250
企業所得	110
財産所得	60
間接税	40
補助金	10
海外からの受け取り所得	30
海外への支払い所得	40

① 経常海外余剰は黒字となっている。
② GDE（国内総支出）の額は500兆円に達している。
③ GDP（国内総生産）の額はGNP（国民総生産）の額よりも小さい。
④ 固定資本減耗の額が70兆円である場合、NI（国民所得）の額は360兆円となる。

《設問のポイント》

①の**経常海外余剰**はやや細かい知識となるが、この選択肢がわからずとも、正解を導くことは可能である。

②と③は、三面等価の原則（GDP＝GDI＝GDE）や公式（GNP＝GDP＋海外からの受け取り所得－海外への支払い所得）を用いて考えよう。

④は公式（NNP＝GNP－固定資本減耗の額、NI＝NNP－間接税＋補助金）を活用して考えよう。

解法

① 誤文。**経常海外余剰**とは、国民所得統計における海外勘定の一項目で、次の式で求めることができる。

> 経常海外余剰＝（輸出＋海外からの受け取り所得）－（輸入＋海外への支払い所得）

表の数値に基づいて計算すると、次のようになる。

経常海外余剰＝（40兆円＋30兆円）－（50兆円＋40兆円）
　　　　　　＝－20兆円

経常海外余剰は20兆円の赤字ということになる。したがって、「経常海外余剰は、黒字となっている」という記述は誤り。

② 誤文。**三面等価の原則**に照らして考えると、**GDPの額とGDIの額とGDEの額は同額**であり、いずれも470兆円となる。

GDP＝GDI＝GDE＝470兆円

したがって、GDEの額が「500兆円に達している」という記述は誤り。

③ 誤文。GNPは、GDPに海外からの受け取り所得を加え、海外への支払い所得を差し引けば求めることができる。

> GNP ＝ GDP ＋ 海外からの純所得（所得純受取）
> 　　 ＝ GDP ＋ 海外からの受け取り所得 － 海外への支払い所得

GNP＝470兆円＋30兆円－40兆円
　　＝460兆円

したがって、GDPの額（470兆円）がGNPの額（460兆円）よりも「小さい」という記述は誤り。

④ 正文。NIは、GNPから固定資本減耗および間接税を控除（マイナス）し、補助金を加算（プラス）することで求められる。

> NNP ＝ GNP － 固定資本減耗　　　…①式
> NI　＝ NNP － 間接税 ＋ 補助金　…②式
> 　上の2式を整理する（①式を②式に代入する）と
> NI　＝ GNP － 固定資本減耗 － 間接税 ＋ 補助金

NI＝460兆円－70兆円－40兆円＋10兆円
　　＝360兆円

解答 ④

例題 16　経済成長率の計算　　　　解法パターン型　★★☆

仮想の国における名目GDP（名目国内総生産）とGDPデフレーター（物価指数）が次の表のように与えられているとき、X年の名目GDP成長率（名目経済成長率）および実質GDP成長率（実質経済成長率）は、それぞれ何%となるか。

	名目GDP （名目国内総生産）	GDPデフレーター （物価指数）
（X－1）年	200兆円	100
X年	264兆円	120
（X＋1）年	240兆円	90

《設問のポイント》

GDP成長率（経済成長率） とは、ある年のGDPがその前年のGDPに比べて何%変化したのかを示したものをいう。ある年の**名目GDP成長率（名目経済成長率）** を求める場合には、その年と前年の名目GDPを比べる必要がある。また、ある年の**実質GDP成長率（実質経済成長率）** を求める場合には、その年と前年の実質GDPを比べる必要がある。

名目GDP（物価変動を考慮する前のGDP）を物価指数（GDPデフレーター）で割って100をかけると実質GDP（物価変動を考慮した後のGDP）となる。

$$\frac{名目GDP}{物価指数} \times 100 = 実質GDP$$

$$名目GDP成長率（\%）= \frac{ある年の名目GDP － 前年の名目GDP}{前年の名目GDP} \times 100$$

$$実質GDP成長率（\%）= \frac{ある年の実質GDP － 前年の実質GDP}{前年の実質GDP} \times 100$$

解法

●名目GDP成長率（名目経済成長率）

X年の名目GDP成長率を求めるには、(X−1)年とX年の名目GDPを比べればよい。

$$X年の名目GDP成長率 = \frac{X年の名目GDP - (X-1)年の名目GDP}{(X-1)年の名目GDP} \times 100$$

$$= \frac{264 - 200}{200} \times 100$$

$$= 32 (\%)$$

●実質GDP成長率（実質経済成長率）

X年の実質GDP成長率を求めるには、(X−1)年とX年の実質GDPをそれぞれ求める必要がある（両年の実質GDPは次の表の通り）。

	名目GDP	物価指数	実質GDP
(X−1)年	200兆円	100	$\frac{200兆円}{100} \times 100 = 200兆円$
X年	264兆円	120	$\frac{264兆円}{120} \times 100 = 220兆円$

$$X年の実質GDP成長率 = \frac{X年の実質GDP - (X-1)年の実質GDP}{(X-1)年の実質GDP} \times 100$$

$$= \frac{220 - 200}{200} \times 100$$

$$= 10 (\%)$$

解答　名目GDP成長率　**32%**　　実質GDP成長率　**10%**

例題 17　GDP デフレーター（物価指数）　　　情報推論型　★★☆

GDP デフレーターに関する次の文章中の空欄 `1` ～ `4` に入れるのに最も適当な数値をそれぞれ答えよ。

ここでは、X 年の物価水準を 100 とした場合における、(X + 1) 年の GDP デフレーター（物価指数）について考えてみよう。(X + 1) 年の GDP デフレーターは、(X + 1) 年の名目 GDP を (X + 1) 年の実質 GDP で割ってこれに 100 をかけることで求めることができる。商品 A と商品 B の 2 種類しか生産しない国を想定した場合には、(X + 1) 年の GDP デフレーターの計算式は次のように示される。

$$\frac{(X+1)年のAの価格 \times (X+1)年のAの販売数量 + (X+1)年のBの価格 \times (X+1)年のBの販売数量}{X年のAの価格 \times (X+1)年のAの販売数量 + X年のBの価格 \times (X+1)年のBの販売数量} \times 100$$

商品 A と商品 B の 2 種類しか生産されていない国において、二つの商品の各年の価格と生産量・販売数量は次の通りであったとする。

	商品 A		商品 B	
	価格	生産量・販売数量	価格	生産量・販売数量
2025 年	100 円	80 単位	200 円	60 単位
2026 年	200 円	60 単位	120 円	70 単位

先の説明によれば、2025 年の物価水準を 100 とした場合における、2026 年の GDP デフレーターは `1` となる。そして、2025 年の名目 GDP は `2` 円、2026 年の名目 GDP は `3` 円、2026 年の実質 GDP 成長率は `4` ％となる。

《設問のポイント》

正解を導くためのヒントは設問文の中に存在する。特に、設問文中に登場する次の式を用いることが大きなポイントとなる。

$$\frac{(X+1)年のAの価格 \times (X+1)年のAの販売数量 + (X+1)年のBの価格 \times (X+1)年のBの販売数量}{X年のAの価格 \times (X+1)年のAの販売数量 + X年のBの価格 \times (X+1)年のBの販売数量} \times 100$$

やや計算が多く、大変に感じるかもしれないが、地道に解答しよう。

解法

2026 年の GDP デフレーター

$$= \frac{2026年のAの価格 \times 2026年のAの販売数量 + 2026年のBの価格 \times 2026年のBの販売数量}{2025年のAの価格 \times 2026年のAの販売数量 + 2025年のBの価格 \times 2026年のBの販売数量} \times 100$$

$$= \frac{200 円 \times 60 単位 + 120 円 \times 70 単位}{100 円 \times 60 単位 + 200 円 \times 70 単位} \times 100$$

= 102　　　　　　　　　　　　　　　← `1`

名目 GDP の計算の仕方も、設問にヒントが記されている。設問には「GDP デフレーターは、（X＋1）年の名目 GDP を（X＋1）年の実質 GDP で割ってこれに 100 をかけることで求めることができる」とある。先の GDP デフレーターの計算の仕方を示した式を見てみよう。「$P ÷ Q = \frac{P}{Q}$」なのだから、先の式の分子が（X＋1）年の名目 GDP であり、分母が（X＋1）年の実質 GDP に相当することになる。

（X＋1）年の名目 GDP　　　　　　← 設問文中の計算式の分子の部分
＝（X＋1）年の A の価格 ×（X＋1）年の A の販売数量 ＋（X＋1）年の B の価格 ×（X＋1）年の B の販売数量

2025 年の名目 GDP
＝ 2025 年の A の価格 × 2025 年の A の販売数量 ＋ 2025 年の B の価格 × 2025 年の B の販売数量
＝ 100 円 × 80 単位 ＋ 200 円 × 60 単位
＝ 20000 円　　　　　　　　　　　← ２

2026 年の名目 GDP
＝ 2026 年の A の価格 × 2026 年の A の販売数量 ＋ 2026 年の B の価格 × 2026 年の B の販売数量
＝ 200 円 × 60 単位 ＋ 120 円 × 70 単位
＝ 20400 円　　　　　　　　　　　← ３

	名目 GDP	GDP デフレーター	実質 GDP
2025 年	20000 円　２	100 設問文より	$\frac{20000 円}{100} × 100 = 20000 円$
2026 年	20400 円　３	102　１	$\frac{20400 円}{102} × 100 = 20000 円$

2026 年の実質 GDP 成長率 ＝ $\frac{2026 年の実質 GDP － 2025 年の実質 GDP}{2025 年の実質 GDP} × 100$

$= \frac{20000 － 20000}{20000} × 100$

＝ 0（％）　　　　　　　　　　← ４

解答　１　102　　２　20000　　３　20400　　４　0

例題18　政府支出が国民所得に及ぼす影響　　知識応用型・情報推論型　★★☆

以下のモデル経済を想定する。

Y：国民所得　C：消費　I：投資　G：政府支出　X：輸出　M：輸入
ΔY：国民所得の増加分　　ΔG：政府支出の増加分
Z：限界消費性向（所得に占める消費の割合を示す数値。0＜Z＜1の範囲をとる。）

国民所得を支出面からみると、次の①式で表すことができる。

　　Y = C + I + G + X − M　……　①式

このモデルにおいて、政府支出Gが増加し、国民所得Yが増加したとする。他の要素（C、I、X、M）が一定のままであるならば、これらの関係は、次の②式で表すことができる。

$$\Delta Y = \left(\frac{1}{1-Z}\right) \Delta G \quad \cdots\cdots \text{②式}$$

この②式の$\left(\frac{1}{1-Z}\right)$は、一般に「政府支出　1　」と呼ばれる。かりに、政府支出が1兆円増加した場合（ΔG = 1 の場合）、国民所得は$\left(\frac{1}{1-Z}\right)$兆円増加することになる（ΔY = $\left(\frac{1}{1-Z}\right)$となる）。つまり、「政府支出　1　」とは、政府支出が増加した場合に、国民所得がどのくらい増加するかを示す係数であることがわかる。

②式において、Zが0.6、ΔGが2兆円であるとする。このとき、ΔYは　2　兆円となる。すなわち、政府支出が増加することで、国民所得は政府支出の増加分以上に増加することになる。このように、政府支出がその何倍もの効果をもたらす波及効果のことを　1　効果という。

なお、Zの値が1に近づくほど（消費にまわる割合が大きければ大きいほど）、その波及効果は　3　なる。すなわち、政府支出がもたらす波及効果は、貯蓄率が低い国ほど　3　なりやすい。

問1　文章中の空欄　1　に入れるのに最も適当な語句を、漢字2字で答えよ。
問2　文章中の空欄　2　に入れるのに最も適当な数値を答えよ。
問3　文章中の空欄　3　に入れるのに最も適当なものを、次の①・②うちから一つ選び、番号で答えよ。
　　① 大きく　　② 小さく

《設問のポイント》

知識としては習得していない事柄が記述されているかもしれないが、正解を導くためのヒントは設問文の中に存在するから、落ち着いて取り組もう。この設問を機に「乗数」という語句および意味を押さえてほしい。

解法

問1　 1 には「乗数」が入る。例えば、政府支出の増加が、その何倍もの所得増加をもたらすことは乗数効果という（「政府支出の増加」以外にも「投資の増加」や「輸出の増加」が要因となることもある）。国民所得の増加額 ΔY を算出する②式　$\Delta Y = \left(\frac{1}{1-Z}\right)\Delta G$　において、ΔG にかけられている係数、すなわち $\left(\frac{1}{1-Z}\right)$ は乗数（政府支出乗数）と呼ばれる。なお、乗数は他にも存在し、「投資乗数」や「輸出乗数」などがある。

問2　 2 には「5」が入る。②式　$\Delta Y = \left(\frac{1}{1-Z}\right)\Delta G$　に　$Z = 0.6$ と $\Delta G = 2$ 兆円を代入することで、国民所得の増加額 ΔY が算出される。

$$\Delta Y = \left(\frac{1}{1-Z}\right)\Delta G$$
$$= \left(\frac{1}{1-0.6}\right) \times 2\text{兆円}$$
$$= 2.5 \times 2\text{兆円}$$
$$= 5\text{兆円}$$

問3　 3 には「大きく」が入る（①が正解）。$Z = 0.6$ のとき、乗数は $\left(\frac{1}{1-Z}\right) = 2.5$ であった。ここから Z の値を1に近づけ、例えば $Z = 0.8$ のとき、乗数は $\left(\frac{1}{1-Z}\right) = 5$ となる。すなわち、Z の値が1に近づくほど乗数の値は大きくなり、波及効果も大きくなる。なお、Z は「所得に占める消費の割合を示す数値」であり、この値の大きな国は"貯蓄率の低い国"ということになる。設問文でも述べられていることだが、一般に、貯蓄率の低い国ほど政府支出のもたらす波及効果は大きくなりやすいとされる。

解答　問1　乗数　　問2　5　　問3　①

例題19　国富・国民総資産の計算　　　知識応用型 ★★★

次の文章中の空欄 A ～ F に入る最も適当な数値を、下の①～⑧のうちからそれぞれ一つ選べ。

20XX年末における日本の国民資産・負債の残高の内訳は次のとおりであったものとする。有形固定資産と無形固定資産との合計1140兆円、土地1245兆円、在庫75兆円、地下資源と漁場の合計1兆円、金融資産5666兆円、負債5480兆円。これらのことから、生産資産は A 兆円、有形非生産資産は B 兆円、非金融資産は C 兆円となる。国民総資産は非金融資産と金融資産の合計であるから、国民総資産は D 兆円となる。国富は、国民総資産から負債を引いたものであり、非金融資産に対外純資産を加えた額と等しいから、国富は E 兆円、対外純資産は F 兆円となる。国富は、土地や住宅の他に公園、上下水道、学校、公共輸送機関などの社会資本も含まれているため、国民生活レベルを表す指標となる。

① 186　② 1215　③ 1246　④ 1321
⑤ 2461　⑥ 2647　⑦ 7941　⑧ 8127

(明治大)

《設問のポイント》

「国民資産・負債の残高の内訳」について考えさせる設問だが、かなり細かい知識を必要とする。この設問を通じて、"何と何を足すべきか"などの計算プロセスを学習しよう。この種の内訳データは内閣府が「国民経済計算確報（ストック編）」という形で定期的に発表しており、内閣府WEBページなどで確認することができる。

解法

- **A** 生産資産＝有形固定資産と無形固定資産の合計＋在庫
  = 1140兆円＋75兆円
  = **1215兆円**

- **B** 有形非生産資産＝土地＋地下資源と漁場の合計
  = 1245兆円＋1兆円
  = **1246兆円**

- **C** 非金融資産＝生産資産＋有形非生産資産　　〔A＋B〕
  = 1215兆円＋1246兆円
  = **2461兆円**

- **D** 国民総資産＝非金融資産と金融資産の合計　　〔C＋金融資産〕
  = 2461兆円＋5666兆円
  = **8127兆円**

- **E** 国富の計算方法は2つある。

  〈方法1〉　国富＝国民総資産－負債
  〈方法2〉　国富＝非金融資産＋対外純資産

  ここでは、〈方法1〉の式を用いて考える。
  国富＝国民総資産－負債　　〔D－負債〕
  = 8127兆円－5480兆円
  = **2647兆円**

- **F** 国富の計算方法のうち、〈方法2〉の式を用いて考える。
  国富＝非金融資産＋対外純資産　　〔E＝C＋F〕
  2647兆円＝2461兆円＋F
  F ＝ **186兆円**

解答

A	②	B	③	C	⑤
D	⑧	E	⑥	F	①

練習問題5　国民所得計算

問19 次の文章を読み、下の (1)・(2) に答えよ。

　小麦を生産する農家、それを小麦粉にする製粉会社、その小麦粉でパンを作る製パン会社、および燃料を提供する外国の石油会社だけからなる簡単な経済を考える。ある年の農家、製粉会社、製パン会社の生産活動にかかった金額は、下記の表のようにまとめられる。

生産主体	生産額	中間投入額	石油輸入額	付加価値額
農家	30	0	10	[4]
製粉会社	50	[1]	10	[5]
製パン会社	90	[2]	20	[6]
合計	170	[3]	40	[7]

(1) 表中の空欄 [1] ～ [7] に当てはまる数値として最も適当なものを、次のa～jのうちからそれぞれ一つ選べ。

　　a　10　　b　20　　c　30　　d　40　　e　50
　　f　60　　g　70　　h　80　　i　90　　j　100

(2) 次の文章中の空欄 [8] ～ [10] に当てはまる数値として最も適当なものを、下のa～tのうちからそれぞれ一つ選べ。

　この経済において、翌年は石油価格が2倍になり、また石油以外の各製品の価格が20%上昇したが、小麦、小麦粉、パンの生産数量に変化はなかった。この場合、生産額の合計は [8] になり、中間投入額の合計は [9] になる。したがって、このときの名目GDPは [10] になる。

　　a　4　　b　8　　c　16　　d　20　　e　24
　　f　28　　g　32　　h　36　　i　40　　j　44
　　k　5　　l　60　　m　80　　n　96　　o　108
　　p　116　q　148　r　188　s　204　t　208

（青山学院大）

問20　ある経済が小麦を生産する農家と小麦粉をつくる製粉業者とパンを焼く製パン業者から成り立っていると仮定する。農家は生産したすべての小麦を製粉業者に原料として100万円で売る。製粉業者は小麦粉をつくり、そのすべてを製パン業者に原料として300万円で売る。さらに製パン業者は小麦粉を用いてパンを生産し、そのすべてを消費者に売って、従業員に140万円の賃金を支払い60万円の利潤を手に入れたとする。この経済全体において、農家、製粉業者、製パン業者が生み出した付加価値の合計額は　X　万円となる。空欄　X　に入る最も適当な数字を答えよ。ただし、上記以外にかかった費用はないものとする。

問21　次のデータが与えられているとき、枠内の文章中の空欄　1　〜　5　に当てはまる数値として最も適当なものを、下のa〜tのうちからそれぞれ一つ選べ。

民間最終消費支出	540	財貨・サービスの輸出	120
政府最終消費支出	80	財貨・サービスの輸入	110
国内総固定資本形成	220	生産・輸入品に課される税	40
在庫品増加	30	補助金	20
雇用者報酬	430	海外からの所得	80
営業余剰・混合所得	300	海外への所得	40
固定資本減耗	130		

　このとき、国内総生産（GDP）は　1　となり、国民総生産（GNP）は　2　となる。また、国内純生産（NDP、市場価格表示）は　3　になる。一方、国民純生産（NNP、市場価格表示）は　4　になり、国民所得（NI、要素費用表示）は　5　となる。

a	730	b	740	c	750	d	760	e	770
f	780	g	790	h	800	i	810	j	820
k	830	l	840	m	850	n	860	o	870
p	880	q	890	r	900	s	910	t	920

（青山学院大　改）

問22 名目GDPとGDPデフレーター（基準年＝100）が次表のように与えられているとき、X年の実質経済成長率は何％となるか。その数値として最も適当なものを、下の①〜⑤のうちから一つ選べ。

年	名目GDP（兆円）	GDPデフレーター
X－1	492.1	91.2
X	474.0	90.0

① －6.2%　② －3.7%　③ －3.0%
④ －2.4%　⑤ －1.8%

（青山学院大）

問23 次の文章中の空欄 1 ・ 2 に入れるのに最も適当な語句あるいは数値をそれぞれ答えよ。

　経済は変動を繰り返しながら成長している。J.M.ケインズによれば、消費や投資あるいは貿易などにおきた変動が、経済の様々なところに影響を及ぼし、より大きな変動を引き起こすことになる。例えば、100億円の需要増加はどのような効果をもたらすであろうか。まずそれと同額の生産の増加を生み出す。需要増大の効果はそれにとどまらない。生産の増加によって、従業員の所得は増加する。従業員は増加した所得の一部を消費する。このことは新たな需要増加を生み出す。それは更なる生産増加へとつながる。つまり需要増大の効果は経済全体への 1 効果としてとらえられる。その結果、最終的に国民所得の増加額が 2 億円に達したものとしよう。このとき、 1 の値は3である。

（早稲田大）

問24

1: e (39000)
2: f (40000)
3: u (97.5)
4: n (0.0)
5: l (2.6)
6: o (−2.5)
7: j (5.0)
8: r (−10.0)

問 25 経済循環について次の文章を読み、下の(1)〜(4)に答えよ。

第1図 経済循環

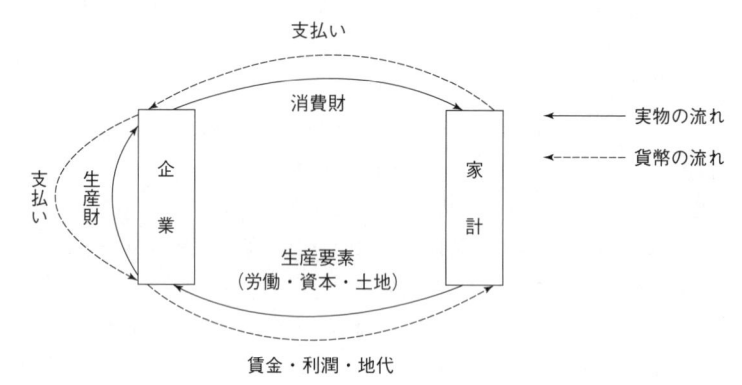

第1図は、人・カネ・モノの流れを単純化した経済循環図である。消費主体としての家計と ① としての企業が、あるいは企業と企業が、モノを売買する場としての ② をはさんで互いにつながっており、そこでは需要・供給の関係から ③ と取引量が決定される。

第2図 単線進行型経済

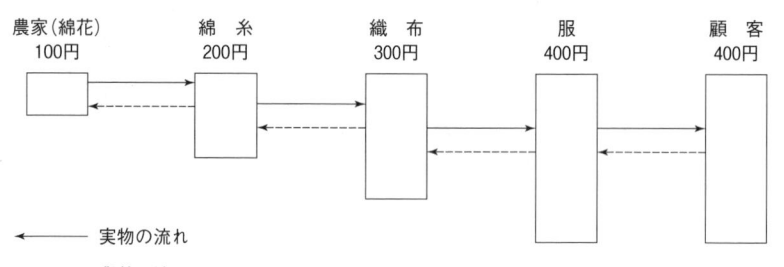

農家(綿花) 100円 — 綿糸 200円 — 織布 300円 — 服 400円 — 顧客 400円

──── 実物の流れ
------ 貨幣の流れ

第2図では、第1図の企業の部分を現実に近づけるために少し複雑化し、農家で栽培された100円ぶんの綿花が200円ぶんの綿糸の原料として綿糸企業によって購入され、更に綿糸は織布の原料となり、織布は服の原料となり、服は最後に顧客に売却された、という1年間の生産期間にわたる一連の流れが描かれている。この単純化された第2図で、各企業について、売上金額から原材料費を差し引いたものがその企業の付加価値とすれば、その中味は ④ でもある。付加価値を経済全体について合計した金額は ⑤ という。それは三つの顔（側面）をもっており、それぞれ ⑥ 、 ⑦ 、 ⑧ と呼ばれ、それらの価値がすべて等しいことを ⑨ という。第2図を更に現実に近づけたものが次の第3図である。

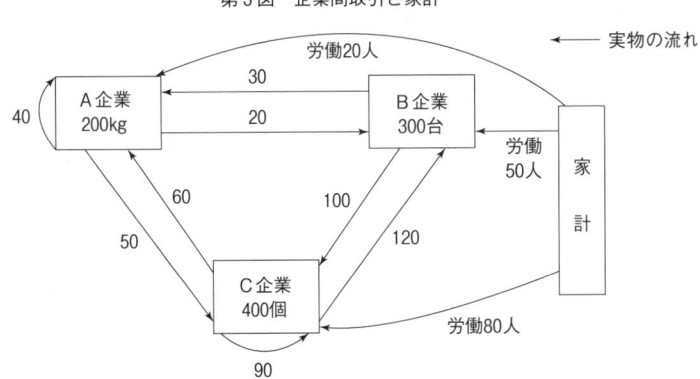

第3図 企業間取引と家計

←── 実物の流れ

第3図では、過去の1年間の経済活動について、生産量を四角形のなかに、その生産のための原材料投入および家計からの労働投入を矢印に付した数字で企業ごとに記されている。たとえば、A企業は1年間に200kgのA生産物を生産し、そのために原材料として自分のところからA生産物を40kg、B企業からB生産物を30台、C企業からC生産物を60個購入し、家計から労働者を20人雇った。以下同様である。生産されたものはすべて売却されたものと考えてよい。各生産物の市場価格は：Aの単価 P_A = 40円、Bの単価 P_B = 30円、Cの単価 P_C = 20円であったとする。第3図を表にしたものが下の第1表である。

第1表 投入と算出

	A [kg]	B [台]	C [個]	労働 [人]		産出
A企業	40	30	60	20	→	200kg
B企業	(ア)	(イ)	(ウ)	(エ)	→	(オ)台
C企業	(カ)	(キ)	(ク)	(ケ)	→	(コ)個

(1) 文章中の空欄 ① ～ ⑨ に入れるのに最も適当な語句を答えよ。

(2) 第1表の空欄（ ア ）～（ コ ）に入れるのに最も適当な数字を答えよ。

(3) 第3図またはその表形式である第1表をみて、各企業の付加価値を計算すると次のようになる。空欄 ⑩ ～ ⑫ に入れるのに最も適当な数字を答えよ。

A企業の付加価値 = ⑩ 円

B企業の付加価値 = ⑪ 円

C企業の付加価値 = ⑫ 円

(4) 第3図または第1表の国民所得は ⑬ 円となる。空欄 ⑬ に入れるのに最も適当な数字を答えよ。

(中央大)

第6章 比較生産費説

例題20　比較生産費説（基礎）　　　　　　　　　解法パターン型　★☆☆

次の表は、リカードの比較生産費説を説明するための例を示している。A国では労働者が110人存在し、B国では労働者が85人存在し、各国とも貿易前は、商品Xと商品Yをそれぞれ1単位ずつ生産している。リカードの比較生産費説の考え方として最も適当なものを、下の①〜④のうちから一つ選べ。

	A国	B国
商品X　1単位の生産に必要な労働者数	60	40
商品Y　1単位の生産に必要な労働者数	50	45

① A国はB国に比べて両商品ともに比較優位をもつから、A国が両商品の生産を行い、B国は生産を止めることが望ましい。
② B国はA国に比べて両商品ともに比較優位をもつから、B国が両商品の生産を行い、A国は生産を止めることが望ましい。
③ A国は商品Xの生産に特化し、B国は商品Yの生産に特化して貿易すれば、両国全体で両商品の生産量が増加する。
④ A国は商品Yの生産に特化し、B国は商品Xの生産に特化して貿易すれば、両国全体で両商品の生産量が増加する。

《設問のポイント》
イギリスの経済学者**リカード**が主張した**比較生産費説**についての設問である。比較生産費説とは、各国は**比較優位**のある商品（他国に比べて生産費が相対的に安い商品）の**生産・輸出**に**特化**して、他国に比べて生産費が相対的に高い商品は生産を止めて他国から輸入すれば、全体として各商品の合計生産量が増加するという、**国際分業**の利益を説く学説である。この設問では、"各国がどの商品に比較優位をもつか"を判別することがポイントとなる。

解法

● この設問の結論を簡潔にまとめると

A国は商品Yに、B国は商品Xに、それぞれ**比較優位**をもつことになる。

	A国	B国
商品X 1単位の生産に必要な労働者数	60	40
商品Y 1単位の生産に必要な労働者数	50	45

＊各国は、網掛け部分　　　に比較優位をもつことになる。

したがって、④の「A国は商品Yの生産に特化し、B国は商品Xの生産に特化して貿易すれば、両国全体で両商品の生産量が増加する」という記述がリカドの考え方に合致するものとなり、これが正解となる。

詳しい解説（比較生産費説の考え方）は次ページの$\boxed{1}$～$\boxed{3}$において示す。

● この設問の誤りの選択肢について

① 誤文。「A国はB国に比べて両商品ともに比較優位をもつ」という説明や、「A国が両商品の生産を行い、B国は生産を止めることが望ましい」という説明は、いずれもリカドの比較生産費説の考え方と合致しない。

② 誤文。「B国はA国に比べて両商品ともに比較優位をもつ」という説明や、「B国が両商品の生産を行い、A国は生産を止めることが望ましい」という説明は、いずれもリカドの比較生産費説の考え方と合致しない。

③ 誤文。生産・輸出に特化するべき商品が逆になっている。

解答　④

例題20 を詳しく解説（比較生産費説の考え方）

1 まずは比較優位のある商品を判別する

> ＜比較優位のある商品を判別するには？＞
> STEP1　各商品の相対費用（2商品の生産費の比率のこと）を求める。
> STEP2　2国間で、各商品の相対費用の大小を比べる。
> 　　　　　↓
> 　　相対費用の小さな国は、その商品に比較優位をもつことになる。

設問文によれば、A国とB国のそれぞれの商品1単位の生産に必要な労働者数とそれぞれの商品の生産量（特化前、貿易前）は、次表のように整理できる。

特化前（貿易前）の両商品の合計生産量

	A国	B国	合計生産量（両国計）
商品X（生産量）	60人（1単位）	40人（1単位）	2単位
商品Y（生産量）	50人（1単位）	45人（1単位）	2単位

A国とB国それぞれの比較優位のある商品を判別するために、まず、各国における商品Xの相対費用（商品Yに対する商品Xの比較生産費＝商品Yを1としてその何倍の費用が商品Xの生産に必要か）を求める。

　　A国における商品Xの相対費用：60 ÷ 50 ＝ 6/5　（1.2）
　　B国における商品Xの相対費用：40 ÷ 45 ＝ 8/9　（0.888…）

この計算結果から、商品Xの相対費用はB国の方が小さい（B国で商品Xを生産する場合、A国に比べて生産費が相対的に安い）ということが確認でき、B国は商品Xに比較優位をもつということがわかる。同様に、各国における商品Yの相対費用（商品Xに対する商品Yの比較生産費＝商品Xを1としてその何倍の費用が商品Yの生産に必要か）を求める。

　　A国における商品Yの相対費用：50 ÷ 60 ＝ 5/6　（0.833…）
　　B国における商品Yの相対費用：45 ÷ 40 ＝ 9/8　（1.125）

この計算結果から、商品Yの相対費用はA国の方が小さく、A国は商品Yに比較優位をもつということがわかる。

2 次に特化後の生産量を考える

　リカードの比較生産費説によれば、両国は比較優位のある商品（A 国は商品 Y に、B 国は商品 X にそれぞれ比較優位をもつ）の生産・輸出に特化すれば、両国全体で両商品の生産量が増加する。A 国は商品 Y の生産に特化することになるから、110 人で商品 Y を生産し、商品 X の生産を止めることになる。一方、B 国は商品 X の生産に特化することになるから、85 人で商品 X を生産し、商品 Y の生産を止めることになる。この場合、それぞれの商品の生産量は、次表のように整理できる。

特化後（貿易開始後）の両商品の合計生産量

	A 国	B 国	合計生産量（両国計）
商品 X（生産量）	0 人（0 単位）	85 人（2.125 単位）	2.125 単位
商品 Y（生産量）	110 人（2.2 単位）	0 人（0 単位）	2.2 単位

50 人で商品 Y を 1 単位生産するとき、110 人で商品 Y を何単位生産することができるか。
$1 : 50 = x : 110$
　単位　人　　単位　人
$50x = 110$
$x = 2.2$

40 人で商品 X を 1 単位生産するとき、85 人で商品 X を何単位生産することができるか。
$1 : 40 = y : 85$
　単位　人　　単位　人
$40y = 85$
$y = 2.125$

3 最後に特化前（貿易前）と特化後（貿易開始後）の合計生産量を比較する

　先の二つの表を比較すると、商品 X の合計生産量は、特化前（貿易前）が 2 単位だったのに対し、特化後（貿易開始後）は 2.125 単位と増加していることがわかる。同様に、商品 Y の合計生産量についても、特化前（貿易前）が 2 単位だったのに対し、特化後（貿易開始後）は 2.2 単位と増加していることが確認できる。以上のことから、各国が比較優位をもつ商品の生産に特化することによって、全体として各商品の合計生産量が増加したといえる。

例題21　比較生産費説（応用①）　　　数学的思考型 ★★☆

次の表は、2国（A国とB国）において、商品Xと商品Yを、それぞれ1単位生産するのに必要な労働者の人数を示したものである。リカードの比較生産費説の考え方に基づく文章中の空欄　ア　～　エ　に当てはまる数値の組合せとして正しいものを、下の①～④のうちから一つ選べ。

	商品X	商品Y	労働者の数
A国	20	40	1000
B国	64	80	2400

　A国の商品Xの相対費用は　ア　であり、B国の商品Xの相対費用は　イ　となる。このことから、A国は商品Xに比較優位をもつことがわかる。
　ここで、比較優位をもつ商品に生産を特化させない場合（各国で労働者半数ずつが商品Xと商品Yを生産する場合）と特化した場合（A国は商品Xに、B国は商品Yに、それぞれ生産を特化させた場合）とに分けて、両国における商品Xの生産量を考える。特化させない場合には商品Xの生産量は両国あわせて　ウ　単位となる。これに対して、特化した場合には商品Xの生産量は全体で　エ　単位となる。

① ア 0.5　　イ 0.8　　ウ 27.5　　エ 30
② ア 0.5　　イ 0.8　　ウ 43.75　　エ 50
③ ア 0.5　　イ 1.25　　ウ 27.5　　エ 30
④ ア 0.5　　イ 1.25　　ウ 43.75　　エ 50
⑤ ア 2　　イ 0.8　　ウ 27.5　　エ 30
⑥ ア 2　　イ 0.8　　ウ 43.75　　エ 50
⑦ ア 2　　イ 1.25　　ウ 27.5　　エ 30
⑧ ア 2　　イ 1.25　　ウ 43.75　　エ 50

《設問のポイント》
　この設問のポイントは、比較優位をもつ商品に生産を「特化させない場合（各国で労働者半数ずつが商品Xと商品Yを生産する場合）」と「特化した場合（A国は商品Xに、B国は商品Yに、それぞれ生産を特化させた場合）」とに分けて、それぞれ生産量を求めることにある。

解法

　ア には「0.5」が、イ には「0.8」が、それぞれ入る。
各商品の相対費用（2商品の生産費の比率のこと）は次の表の通り。

	商品 X の相対費用 （X の Y に対する比較生産費）	商品 Y の相対費用 （Y の X に対する比較生産費）
A 国	$\frac{20}{40} = 0.5$	$\frac{40}{20} = 2$
B 国	$\frac{64}{80} = 0.8$	$\frac{80}{64} = 1.25$

　A 国の商品 X の相対費用は 0.5、B 国の商品 X の相対費用は 0.8 となる。商品 X に関しては、**A 国の方が相対的に安く生産できる（比較優位をもつ）**ことから、A 国は商品 X の生産に特化することが望ましいと考えられる。

　ウ には「43.75」が、エ には「50」が、それぞれ入る。
〈特化させない場合の生産量は次の通り〉

	商品 X の生産量	商品 Y の生産量
A 国 （1000 人）	（500 人で生産） 25 単位	（500 人で生産） 12.5 単位
B 国 （2400 人）	（1200 人で生産） 18.75 単位	（1200 人で生産） 15 単位
両国の合計	43.75 単位	27.5 単位

〈特化した場合の生産量は次の通り〉

	商品 X の生産量	商品 Y の生産量
A 国 （1000 人）	（1000 人で生産） 50 単位	生産しない
B 国 （2400 人）	生産しない	（2400 人で生産） 30 単位
両国の合計	50 単位	30 単位

　特化した場合（50 単位）の方が、特化させない場合（43.75 単位）と比べて、全体の生産量の合計が多くなることがわかる（国際分業によるメリットが見られる）。

解答 ②

例題22　比較生産費説（応用②）　　　数学的思考型　★★★

I　ある財Xを1単位生産するのに他の財Yを少ししか放棄しない生産国は、他の財Yを多く放棄する生産国と比較して、その財Xの生産における機会費用が小さいこととなる(注)。このとき、その生産国は、その財Xの生産において　1　をもつという。このように、　1　の異なる生産国がそれぞれ　1　をもつ財の生産に　2　し、相互に取引をすることによって両国に利益がもたらされる。これは経済学者　3　によって明らかにされた。こうした考え方に対し、経済学者リストは保護貿易の必要性を主張した。

（注）機会費用とは、あるものを手に入れるために放棄しなければならないものをいう。

II　A国にとってはX財1単位を得るのに犠牲にするY財は　4　÷　5　単位で、他方、B国にとってはX財1単位を得るのに犠牲にするY財は　6　÷　7　単位である。このとき、X財に対するY財の交換比率が　8　÷　9　以上で　10　÷　11　以下であれば貿易が行われ、A国もB国もともに貿易の利益を得ることがわかる。

	X財1単位の生産に必要な労働量	Y財1単位の生産に必要な労働量
A国	80	90
B国	120	100

問1　文中の空欄　1　〜　3　に入る最も適当な語句・人名をそれぞれ答えよ。

問2　文中の空欄　4　〜　11　に入る数字として最も適当なものを、次の①〜④のうちからそれぞれ一つ選べ。

　① 80　　　② 90　　　③ 100　　　④ 120

問3　A国とB国を比較すると、A国はX財1単位、Y財1単位の生産において、いずれも必要な労働量が少ない。こうした状況を表す最も適当な語句を答えよ。

（青山学院大）

《設問のポイント》
「機会費用」の考え方に基づいて**比較生産費説**を考えるパターンの設問である。また、この設問を通じて、「X財に対するY財の交換比率」がどのような範囲にあるときに貿易が行われるか？について考えを深めたい。

解法

問1 ┌1┐には「比較優位」が、┌2┐には「特化」が、┌3┐には「リカード」がそれぞれ入る。

設問文中にもある**機会費用**とは、あるものを手に入れるために放棄しなければならないものをいう。X財の機会費用を例にとって考えてみよう。

A国におけるX財の機会費用について考える

設問の条件の下、A国でX財を1単位増産するには80の労働量が必要となる。仮に、X財を1単位増産するとなれば、Y財を生産する80の労働量を犠牲にしなければならず、その結果、Y財の生産量は$\frac{80}{90}$単位だけ減少することになる（X財を増産するために、$\frac{80}{90}$単位だけY財の生産を放棄したことを意味する）。この$\frac{80}{90}$という数値こそが機会費用（A国におけるX財の機会費用）と呼ばれるものである。

なお、機会費用の数値は、相対費用（2財の生産費の比率、X財のY財に対する比較生産費）に等しい。

X財の機会費用＝X財の相対費用（2財の生産費の比率）

ここで押さえておくべきポイントは、「**機会費用**」と「**相対費用（2財の生産費の比率）**」**の数値は等しい**ということにある。つまり、"ある財の生産における機会費用が他国の機会費用よりも小さい"ということは、"その生産国はその財の生産において比較優位をもつ"ことを意味する。

問2 ┌4┐には「80」が、┌5┐には「90」が、┌6┐には「120」が、┌7┐には「100」がそれぞれ入る（ここでは機会費用が問われている）。

A国の機会費用（X財1単位を得るのに犠牲にするY財）は$\frac{80}{90}$となる。

B国の機会費用（X財1単位を得るのに犠牲にするY財）は$\frac{120}{100}$となる。

┌8┐には「80」が、┌9┐には「90」が、┌10┐には「120」が、┌11┐には「100」がそれぞれ入る。

X財1単位に対してY財が$\frac{80}{90}$単位以上$\frac{120}{100}$単位以下の範囲で交換（貿易取引）が行われる場合、両国に貿易上の利益が生まれる（詳細は次の図を参照）。

A国がX財を1単位増産し、それを輸出する場合を考える

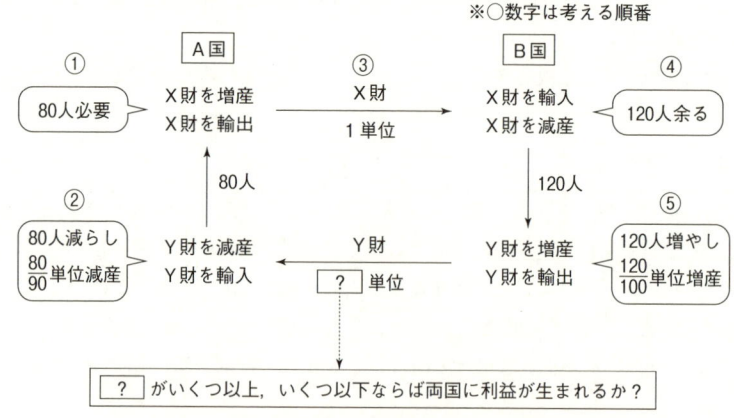

※○数字は考える順番

① 80人必要 → A国: X財を増産 / X財を輸出
③ X財 1単位 → B国: X財を輸入 / X財を減産
④ 120人余る

↑80人　　　　　　　　　↓120人

② 80人減らし $\frac{80}{90}$単位減産 ← Y財を減産 / Y財を輸入 ← Y財 ?単位 ← Y財を増産 / Y財を輸出 ← ⑤ 120人増やし $\frac{120}{100}$単位増産

? がいくつ以上、いくつ以下ならば両国に利益が生まれるか?

A国では$\frac{80}{90}$減産したが、?が輸入で補われるので、$\frac{100}{90}$増えた
B国では$\frac{120}{100}$増産したが、それ以上の?も輸出するので、$\frac{80}{100}$減った

	? = 0	? = $\frac{80}{90}$	? = 1	? = $\frac{120}{100}$	? = 2
A国の Y財の増減	$-\frac{80}{90}$単位	±0単位	$+\frac{10}{90}$単位	$+\frac{28}{90}$単位	$+\frac{100}{90}$単位
B国の Y財の増減	$+\frac{120}{100}$単位	$+\frac{28}{90}$単位	$+\frac{20}{100}$単位	±0単位	$-\frac{80}{100}$単位

? < $\frac{80}{90}$ のときA国で損失が生まれる

$\frac{80}{90}$ ≦ ? ≦ $\frac{120}{100}$ のとき両国に損失は発生せず利益が生まれる

? > $\frac{120}{100}$ のときB国で損失が生まれる

問3　正解は「絶対優位」。2国2財モデルの貿易理論において、一方の国における生産費（労働量）が、2財ともに他国の生産費（労働量）よりも（相対的な比較ではなく絶対的に）少なく済む状態は絶対優位と呼ばれる。

解答

問1　1 比較優位　　2 特化　　3 リカード
問2　4 ①　5 ②　6 ④　7 ③
　　　8 ①　9 ②　10 ④　11 ③
問3　絶対優位

漢字ドリル⑬

回収困難な貸付金のことを、(a)フリョウサイケンという。国が必要な資金を借り入れる場合に発行する(b)サイケンを国債といい、海外のこれに投資するのは(c)カンセツ投資にあたる。

〈解答〉(a)不良債権、(b)債券、(c)間接
×(a)不良債券、(b)債権、(c)閑接

漢字ドリル⑭

(a)カンゼイは、最終的には消費者が負担するので、(b)カンセツ税である。

〈解答〉(a)関税、(b)間接
×(a)間税、(b)関節

漢字ドリル⑮

衆議院議員選挙は、ショウセンキョクヒレイダイヒョウヘイリツ制で行われる。

〈解答〉小選挙区比例代表並立
×少選挙区比例代表併立

漢字ドリル⑯

日本ではショウシ化が進んでおり、合計特殊出生率は2.0を大きく下回っている。

〈解答〉少子
×小子

漢字ドリル⑰

政治資金(a)キセイ法により、政治家個人への企業・団体(b)ケンキンは禁止されている。

〈解答〉(a)規正、(b)献金
×(a)規制、(b)兼金

漢字ドリル⑱

許認可行政の見直しとキセイカンワが進められている。

〈解答〉規制緩和
×規正暖和

例題 23　比較生産費説（応用③）　　　数学的思考型　★★★

　リカードの比較生産費説を理解するために、次のような単純なモデルを考えてみよう。世界はA国とB国から成り、どちらの国でも製品Cと生産Dを生産することができる。A国では、労働者総数は $\bar{x}$ 人であり、製品Cの1単位を生産するためには労働者が a 人、製品Dの1単位を生産するためには労働者が b 人必要である。他方、B国では、労働者総数は $\bar{y}$ 人、製品C、製品Dの1単位を生産するためには労働者が各々 c 人、d 人必要である。ただし、a、b、c、d、$\bar{x}$、$\bar{y}$ は正の定数である。比較生産費説とは、両国の生産技術に □1□ という関係があるとき、A国は製品Cの生産に、そしてB国は製品Dの生産に特化することにより全体の生産量を最大にすることができる、という理論である。最もわかりやすいのは、a＜b かつ c＞d の場合である。このとき、比較生産費説に従うと、A国は製品Cを □2□ 単位、B国は製品Dを □3□ 単位生産する。この組合せ（□2□、□3□）は、<u>他方を減らさなければ一方をふやすことができないという意味で最大の生産量の組合せ</u>を表している。そして、両国は分業によって最大化された生産物を貿易によって交換することで、1国のみでは不可能なより高い生活水準に到達できるのである。

問1　空欄 □1□ に入る数式を以下のうちから一つ選べ。

　ア　$\dfrac{\frac{a}{b}}{\frac{c}{d}} < 1$　　　イ　$\dfrac{\frac{a}{b}}{\frac{c}{d}} > 1$　　　ウ　$\dfrac{\frac{a}{b}}{\frac{c}{d}} = 1$

　エ　$\dfrac{\frac{a}{b}}{\frac{c}{d}} < \dfrac{\bar{x}}{\bar{y}}$　　　オ　$\dfrac{\frac{a}{b}}{\frac{c}{d}} > \dfrac{\bar{x}}{\bar{y}}$

問2　空欄 □2□・□3□ に入る単位数を答えよ。

問3　下線部を証明するため、x を A国において製品Dの生産に従事する労働者の人数、y を B国において製品Cの生産に従事する労働者の人数として、x と y を変数とする連立不等式を解くことを考える。そのための連立不等式として適当なものを以下のうちから一つ選べ。ただし、$0 \leq x \leq \bar{x}$、$0 \leq y \leq \bar{y}$ である。

　ア　$\dfrac{\bar{x}-x}{a} + \dfrac{y}{b} \leq \dfrac{\bar{x}}{a}$, $\dfrac{x}{c} + \dfrac{\bar{y}-y}{d} \leq \dfrac{\bar{y}}{d}$

　イ　$\dfrac{\bar{x}-x}{a} + \dfrac{y}{b} \geq \dfrac{\bar{x}}{a}$, $\dfrac{x}{c} + \dfrac{\bar{y}-y}{d} \geq \dfrac{\bar{y}}{d}$

　ウ　$\dfrac{\bar{x}-x}{a} + \dfrac{y}{c} \leq \dfrac{\bar{x}}{b}$, $\dfrac{x}{c} + \dfrac{\bar{y}-y}{d} \leq \dfrac{\bar{y}}{d}$

　エ　$\dfrac{\bar{x}-x}{a} + \dfrac{y}{c} \geq \dfrac{\bar{x}}{b}$, $\dfrac{x}{c} + \dfrac{\bar{y}-y}{d} \geq \dfrac{\bar{y}}{d}$

　オ　$\dfrac{\bar{x}-x}{b} + \dfrac{y}{d} \geq \dfrac{\bar{x}}{b}$, $\dfrac{x}{a} + \dfrac{\bar{y}-y}{c} \geq \dfrac{\bar{y}}{c}$

（早稲田大）

《設問のポイント》

比較生産費説の計算問題だが、数字ではなく文字式を使っていることから、混乱してしまう人も多いだろう。まずは見慣れた表に問題をまとめてみよう。次がそれである。その上で、なお分かりにくい場合には、基本的な具体例を想定しながら解法を考えるとよい。

	製品C	製品D	（労働者総数）
A国	a	b	$\bar{x}$
B国	c	d	$\bar{y}$

解法

問1 A国は製品Cの生産に比較優位を、B国は製品Dの生産に比較優位をもつ条件が求められている。製品Dを基準に考えた製品Cの相対価格（相対費用）を考えよう。

A国における製品Cの相対価格 $= \dfrac{a}{b}$

B国における製品Cの相対価格 $= \dfrac{c}{d}$

A国が製品Cの生産に比較優位をもつというのは、A国の製品Cの相対価格がB国のそれよりも安いということなので、

$$\dfrac{a}{b} < \dfrac{c}{d} \quad \cdots ①$$

という関係が成り立てばよい。この時点で、$\bar{x}$と$\bar{y}$を使っていないことから、エとオは正解の候補から外れる。あとは、この不等式を選択肢のようなものに変形すれば（つまり右辺を1にする）正解は確定する。

右辺を1にするには、両辺を$\dfrac{c}{d}$で割ればよい。（同じ数で割れれば1になるので）

不等式の場合、負の数で乗除（かけ算わり算）すれば不等号の向きは逆転するが、この設問の場合はすべて正の数なので心配は無用。設問文中の「ただし……正の定数である」というのは、この点への配慮である。

この操作を上記①の式に加えて

$$\dfrac{a}{b} \div \dfrac{c}{d} < \dfrac{c}{d} \div \dfrac{c}{d}$$

$$\dfrac{\frac{a}{b}}{\frac{c}{d}} < 1 \quad （「P \div Q = \dfrac{P}{Q}」なので左辺はこう変形できる）$$

ゆえに、アが正解となる。

> なお、上記①のところは、もちろんB国の製品Dの相対価格で比べてもよい。また、A国とB国との労働生産性で比較する方法もある。この辺りは自分の理解しているやりやすい比較方法を使えばよい。ただし、「裏技」と称する誤った比較方法（たとえば割合をとらずに大小関係で比較する）は絶対に不可。

問2 A国が製品Cに、B国が製品Dに、それぞれ特化した場合を考える。この設問では、特化後にA国で製品Cをどれだけ生産できるか（ 2 ）、B国では製品Dをどれだけ生産できるか（ 3 ）を計算することが求められている。

	製品C	製品D
A国	a人で1単位 ⇩ $\bar{x}$人で生産	
B国		d人で1単位 ⇩ $\bar{y}$人で生産

　まず、A国を考えよう。A国は製品Cの生産に特化する（製品Dの生産を止める）のだから、全員（$\bar{x}$人）が製品Cの生産に従事する。A国では製品Cについて、a人で1単位を生産するのだから、これが$\bar{x}$人ならどうなるかを計算すればよい。人と生産単位で比をとれば

$$a（人）：1（単位）= \bar{x}（人）：\boxed{2}（単位）$$
$$a \times \boxed{2} = \bar{x}$$
$$\boxed{2} = \frac{\bar{x}}{a}$$

同様にB国を考えれば

$$d（人）：1（単位）= \bar{y}（人）：\boxed{3}（単位）$$
$$d \times \boxed{3} = \bar{y}$$
$$\boxed{3} = \frac{\bar{y}}{d}$$

問3 ややテクニック的だが、多くの選択肢に$\frac{\bar{x}}{a}$と$\frac{\bar{y}}{d}$が登場していることがヒントになるかもしれない。これは、**問2**で求めた生産量である。証明したいことは、「これが生産量が最大になる場合であって、特化しなければそれよりも生産量は低い」ということである。ならば、A国で製品Dに、B国で製品Cに、何人かでも生産に振り向けた場合の生産量は、特化した場合のそれぞれの生産量（製品Cなら$\frac{\bar{x}}{a}$、製品Dなら$\frac{\bar{y}}{d}$）よりも少ないことを示せばよい。

　すなわち、製品Cならば

$$（ア）\begin{smallmatrix}\text{A国での製}\\\text{品Cの生産量}\end{smallmatrix} +（イ）\begin{smallmatrix}\text{B国での製}\\\text{品Cの生産量}\end{smallmatrix} \leqq \begin{smallmatrix}\text{特化した場合の}\\\text{製品Cの生産量}\end{smallmatrix}\left(\frac{\bar{x}}{a}\right) \quad \cdots ②$$

同様に製品Dならば

$$(ウ)\begin{matrix}A国での製\\品Dの生産量\end{matrix}+(エ)\begin{matrix}B国での製\\品Dの生産量\end{matrix}\leqq \begin{matrix}特化した場合の\\製品Dの生産量\end{matrix}\left(\frac{\overline{y}}{d}\right) \quad \cdots ③$$

である。それでは、各国での各製品の生産量を算出しよう。

A国において製品Dの生産に従事する労働者の人数がxなので、製品Cの生産に従事する労働者の人数は、それ以外の $\overline{x} - x$ となる（A国全体での労働者数が $\overline{x}$ である）。**問2**と同じように、その人数でどれだけの製品を生産できるか計算すると（その時のA国での製品Cの生産量を C_A、製品Dのそれを D_A とする）

(ア) A国の製品C……a（人）：1（単位） ＝ $\overline{x} - x$（人）：C_A（単位）

$$a\, C_A = \overline{x} - x$$

$$C_A = \frac{\overline{x} - x}{a}$$

(ウ) A国の製品D……b（人）：1（単位） ＝ x（人）：D_A（単位）

$$b\, D_A = x$$

$$D_A = \frac{x}{b}$$

同様にB国についても計算すると（記号も同様）

(イ) B国の製品C……c（人）：1（単位） ＝ y（人）：C_B（単位）

$$c\, C_B = y$$

$$C_B = \frac{y}{c}$$

(エ) B国の製品D……d（人）：1（単位） ＝ $\overline{y} - y$（人）：D_B（単位）

$$d\, D_B = \overline{y} - y$$

$$D_B = \frac{\overline{y} - y}{d}$$

上記②の式に（ア）と（イ）を、③の式に（ウ）と（エ）を、それぞれ代入すれば

$$\frac{\overline{x} - x}{a} + \frac{y}{c} \leqq \frac{\overline{x}}{a},\ \frac{x}{b} + \frac{\overline{y} - y}{d} \leqq \frac{\overline{y}}{d}$$

となる。

選択肢**ウ**には、この両方の不等式が示されているので、これが正解となる。

解答 問1 **ア** 問2 ２ $\frac{\overline{x}}{a}$　３ $\frac{\overline{y}}{d}$　問3 **ウ**

練習問題6　比較生産費説

問26　次の表中には、A国、B国からなる世界において、各国が商品X、商品Yを1単位生産するのに必要とされる労働量を示した。比較生産費説によればどのようなことがいえるか、最も適当なものを、下の①〜④のうちから一つ選べ。

	商品X	商品Y
A国	100人	120人
B国	90人	80人

① A国は商品X、B国は商品Yに特化すれば、全体で見ると特化前に比べ、商品Xの生産は1.0単位増加し、商品Yの生産は0.5単位増加する。

② A国は商品Y、B国は商品Xに特化すれば、全体で見ると特化前に比べ、商品Xの生産は1.0単位増加し、商品Yの生産は0.5単位増加する。

③ A国は商品X、B国は商品Yに特化すれば、全体で見ると特化前に比べ、商品Xの生産は0.2単位増加し、商品Yの生産は0.125単位増加する。

④ A国は商品Y、B国は商品Xに特化すれば、全体で見ると特化前に比べ、商品Xの生産は0.2単位増加し、商品Yの生産は0.125単位増加する。

（広島経済大）

問27 次の文章を読み、下の(1)・(2)に答えよ。

　国際分業がもたらす利益は、リカードの比較生産費説により説明することができる。今、A国、B国の2国が存在し、X財、Y財の2財が、唯一の生産要素である労働から生産される開放経済を想定する。次の表は、両国において、各財1単位の生産に必要な労働単位数を示したものである。なお、両財の市場は完全に競争的であり、また労働の国内移動は自由であるが、国際移動はまったく存在しないものとする。

	X財	Y財
A国	3	6
B国	12	18

(1) 両国間で行われる貿易のパターンとして、最も適当なものを、次の①〜④のうちから一つ選べ。

① B国は、A国と比べて両方の財の生産に優れているので、両方の財を生産し、両財ともA国へと輸出する。
② B国は、A国と比べて両方の財の生産に劣っているので、両方の財をA国から輸入する。
③ B国は、A国と比べて両方の財の生産に劣っているが、X財の生産に特化し、A国へ輸出する。
④ B国は、A国と比べて両方の財の生産に劣っているが、Y財の生産に特化し、A国へ輸出する。

(2) 両国間で貿易が行われるとき、X財1単位と交換されるY財の単位数が決定される範囲として、最も適当なものを、次の①〜⑥のうちから一つ選べ。

① $\frac{1}{4}$ 以上、$\frac{1}{3}$ 以下　　② $\frac{1}{4}$ 以上、3 以下

③ $\frac{1}{2}$ 以上、$\frac{2}{3}$ 以下　　④ $\frac{1}{2}$ 以上、3 以下

⑤ $\frac{3}{2}$ 以上、2 以下　　⑥ 3 以上、4 以下

(東京経済大)

第7章 国際収支・為替レート

例題24　国際収支表　　　　　　　　　解法パターン型　★☆☆

次の表は、ある年における仮想の国の国際収支表から主要項目を抜粋したものである。この表についての記述として正しいものを、下のア～ウのうちから**過不足なく選べ**。「？」は設問の都合上、数値の記載を省略したところである。

経常収支	？
貿易・サービス収支	－14兆5000億円
貿易収支	？
輸　出	74兆2000億円
輸　入	85兆3000億円
サービス収支	－3兆4000億円
第一次所得収支	18兆2000億円
第二次所得収支	－1兆9000億円
資本移転等収支	－2000億円
金融収支	？
誤差脱漏	3兆1000億円

ア　経常収支は－1兆8000億円となる。
イ　貿易収支は－11兆1000億円となる。
ウ　金融収支は4兆7000億円となる。

《設問のポイント》

アの**経常収支**は、貿易・サービス収支と第一次所得収支と第二次所得収支を合計すればよい。

イの**貿易収支**は、**輸出**から**輸入**を差し引いて求めるか、**貿易・サービス収支**から**サービス収支**を差し引くか、いずれかの方法で求められる。

ウの**金融収支**は、国際収支統計に係る恒等式（**経常収支＋資本移転等収支－金融収支＋誤差脱漏＝0**）を用いて求めればよい。

```
現行統計における国際収支表の項目
├─経常収支
│   ├─貿易・サービス収支─┬─貿易収支………商品の輸出・輸入
│   │                     └─サービス収支……輸送，旅行，特許使用料など
│   ├─第一次所得収支─┬─雇用者報酬……非居住者へ支払われた報酬
│   │                 └─投資収益………利子，配当など
│   └─第二次所得収支……送金，無償の援助のうち消費財への援助分，国際機関
│                         への拠出金など
├─資本移転等収支……無償の援助のうち資本財への援助分，特許権・著作権の取得・処分など
├─金融収支
│   ├─直接投資………海外における企業経営などを目的とする投資
│   ├─証券投資………株式・債券などへの投資
│   ├─金融派生商品…オプション，ワラント，スワップなど
│   ├─その他投資……有償の援助など
│   └─外貨準備………政府，日本銀行が外貨準備として保有している対外資産の増減
└─誤差脱漏……統計上の誤差や漏れ
```

解法

ア：誤文。経常収支は、貿易・サービス収支（−14兆5000億円）と第一次所得収支（18兆2000億円）と第二次所得収支（−1兆9000億円）を合計することで求められる。

　−14兆5000億円 + 18兆2000億円 − 1兆9000億円 = 1兆8000億円

したがって、アは「−1兆8000億円」ではなく「1兆8000億円」が正しい。

イ：正文。貿易収支は、輸出の額（74兆2000億円）から輸入の額（85兆3000億円）を差し引くことで求められる。

　74兆2000億円 − 85兆3000億円 = −11兆1000億円

なお、貿易収支は、貿易・サービス収支（−14兆5000億円）からサービス収支（−3兆4000億円）を差し引くことによっても求められる。

　−14兆5000億円 −（−3兆4000億円）= −11兆1000億円

ウ：正文。金融収支は、経常収支（1兆8000億円）と資本移転等収支（−2000億円）と誤差脱漏（3兆1000億円）の合計に等しい。

　1兆8000億円 +（−2000億円）+ 3兆1000億円 = 4兆7000億円

```
国際収支統計に係る恒等式
経常収支 + 資本移転等収支 − 金融収支 + 誤差脱漏 = 0
                    ↓
金融収支 = 経常収支 + 資本移転等収支 + 誤差脱漏
```

解答　イ・ウ

例題25　為替レートの変動　　解法パターン型　★☆☆

1ドル＝200円から1ドル＝100円に変化した場合についての記述として最も適当なものを、次の①～④のうちから一つ選べ。

① 時給1,000円は5ドルから10ドルになるため、日本で働きたいと考える外国人が増える。
② 1泊10,000円の宿泊費は100ドルから50ドルになるため、日本を訪れる外国からの観光客が増える。
③ 1台10,000ドルの自動車は100万円から200万円になるため、外国からの自動車の輸入台数が減る。
④ 個人の金融資産1,400兆円は14兆ドルから7兆ドルになるため、日本へ高級品を輸出しようとする外国企業が減る。

（大学入試センター試験　本試験）

《設問のポイント》

ドル（外貨）と円との間の換算は、比を用いて計算することが有効である（左辺にドル：円の為替相場、右辺に求めたいものを x とし、ドル：円の順番に置いて計算するというもの）。

<例>　1ドル＝200円から1ドル＝100円に変化した場合、1泊10,000円の宿泊費は、ドル表示価格でみて、どのように変化するか？　　（上の例題の②）

　1ドル200円のとき
　　1（ドル）：200（円）＝ x（ドル）：10,000（円）より
　　　　$200x = 10{,}000$
　　　　　$x = 50$（ドル）　　（10,000÷200＝50）

　1ドル100円のとき
　　1（ドル）：100（円）＝ x（ドル）：10,000（円）より
　　　　$100x = 10{,}000$
　　　　　$x = 100$（ドル）　　（10,000÷100＝100）

（正解）50ドルから100ドルへと変化する。

なお、次ページでは上記のような比例式での計算を省略しているので注意しよう。

解法

① 正文。適当な記述である。

1ドル＝200円のとき	⇒	1ドル＝100円のとき
1,000円の時給 ↓ ドルに換算すると 5ドルに相当 (1,000 ÷ 200 ＝ 5ドル)		1,000円の時給 ↓ ドルに換算すると 10ドルに相当 (1,000 ÷ 100 ＝ 10ドル)

② 誤文。「100ドルから50ドル」を「50ドルから100ドル」に、「観光客が増える」を「観光客が減る」にそれぞれ置き換えると適当になる。

1ドル＝200円のとき	⇒	1ドル＝100円のとき
10,000円の宿泊費 ↓ ドルに換算すると 50ドルに相当 (10,000 ÷ 200 ＝ 50ドル)		10,000円の宿泊費 ↓ ドルに換算すると 100ドルに相当 (10,000 ÷ 100 ＝ 100ドル)

③ 誤文。「100万円から200万円」を「200万円から100万円」に、「輸入台数が減る」を「輸入台数が増える」にそれぞれ置き換えると適当になる。

1ドル＝200円のとき	⇒	1ドル＝100円のとき
10,000ドルの自動車 ↓ 円に換算すると 200万円に相当 (10,000 × 200 ＝ 200万円)		10,000ドルの自動車 ↓ 円に換算すると 100万円に相当 (10,000 × 100 ＝ 100万円)

④ 誤文。「14兆ドルから7兆ドル」を「7兆ドルから14兆ドル」に、「外国企業が減る」を「外国企業が増える」にそれぞれ置き換えると適当になる。

1ドル＝200円のとき	⇒	1ドル＝100円のとき
1,400兆円の金融資産 ↓ ドルに換算すると 7兆ドルに相当 (1,400兆 ÷ 200 ＝ 7兆ドル)		1,400兆円の金融資産 ↓ ドルに換算すると 14兆ドルに相当 (1,400兆 ÷ 100 ＝ 14兆ドル)

解答 ①

例題26　為替レートの計算　　　　　　　　　　　　数学的思考型　★★☆

> 日本のある機関投資家は手持ち資金100万円を日本の国債か米国の国債に投資ができる機会を有しているとする。ここで、日本の国債の金利は1％、米国の国債の金利は5％、現在の円レートは1ドル＝105円とする。この投資家にとって日本の国債に投資をしても、米国の国債に投資をしても1年後の"元本プラス利子"を円に換算して等しくするような1年後の円レートは1ドル＝何円か。その答えを記入せよ。ただし、日本と米国の国債はいずれも満期1年とする。また、ドルの購入及び売却に伴う手数料は無料とする。
>
> （早稲田大）

《設問のポイント》

1ドル＝105円のときに100万円をドルに換算すると9523.809…ドルとなる。このように割り切れない数字（9523.809……ドル）に直面した場合、**無理に割り算をせず、分数**（$\frac{100万}{105}$ ドル）**を用いて考えてみよう。**

解法

国債投資額および1年後の"元本プラス利子"の額は、次表のように計算できる。

	変化前 1ドル＝105円	1年後	変化後 1ドル＝ x 円
日本国債	100万円	1％金利	$100万 \times \frac{101}{100} = 101万円$ になる
米国国債	$\frac{100万}{105}$ ドル	5％金利	$\frac{100万}{105} \times \frac{105}{100} = 1万ドル$ になる

（1ドル＝105円のとき100万円は $\frac{100万}{105}$ ドルに等しい）

日本の国債に投資した場合
　→1年後の"元本プラス利子"は 101万円

米国の国債に投資した場合
　→1年後の"元本プラス利子"は 1万ドル

101万円と1万ドルが等しくなるような円レートを計算すると

$$1（ドル）: x（円）= 1万（ドル）: 101万（円）$$
$$1万 \times x = 101万$$
$$x = 101$$

したがって、1ドル＝101円が正解となる。

解答　1ドル＝101円

漢字ドリル⑲

日本ではすでに(a)ショクリョウカンリ法は廃止されており、また農業政策の基本法として(b)ショクリョウ・農業・農村基本法が制定されている。

〈解答〉(a)食糧管理、(b)食料
×(a)食料監理、(b)食糧

漢字ドリル⑳

(a)ホケンジョは公衆衛生を担う機関の一つである。また、労働基準(b)カントクショは各種の労働法が遵守されているかを監視している。

〈解答〉(a)保健所、(b)監督署
×(a)保険所、(b)監督所

漢字ドリル㉑

欧州(a)キョウドウタイの前身の一つは、欧州(b)セキタンテッコウキョウドウタイである。

〈解答〉(a)共同体、(b)石炭鉄鋼共同体
×(a)協働体、(b)石炭鉄鉱協同体

漢字ドリル㉒

中国は改革カイホウ政策によって経済成長を遂げた。

〈解答〉開放
×解放

漢字ドリル㉓

管理価格が成立すると、ヒカカクキョウソウが一般化する。

〈解答〉非価格競争
×比価格競走

漢字ドリル㉔

(a)コウショク選挙法によって、(b)コベツ訪問は禁止されている。

〈解答〉(a)公職、(b)戸別
×(a)交職、(b)個別

例題27　購買力平価説　　　　　　　　　　　　情報推論型　★★☆

　2国で同じ財を購入する場合、それぞれの通貨で必要となる額は異なってくる。この2国間の価格を一致するように計算した通貨の交換比率（為替レート）を購買力平価という。例えば、同一のドリンクを1本購入するのにアメリカでは2ドル、日本では200円かかる場合、購買力平価は1ドル＝100円となる。

　いま、円とドルとの為替レートが1ドル100円で均衡している当初の状態から、日本とアメリカの物価指数が次の表のように変化したとき、この購買力平価の考え方に立てば、為替レートはどのように変化するか。表中の空欄　X　に入れるのに最も適当な数値を答えよ。

	当初の物価指数	変化後の物価指数
日　本	100	200
アメリカ	100	160

当初の為替レート	変化後の為替レート
1ドル＝100円	1ドル＝　X　円

《設問のポイント》

　購買力平価とは、自国通貨と外国通貨がそれぞれ同一の財やサービスをどれだけ購買できるかの比率、いわゆる対内購買力の比率を表した為替レートをいう。例えば、同じドリンクがアメリカで2ドル、日本で200円であれば、円とドルの購買力平価（為替レート）は1ドル＝100円に決まる。

🔵解🔴法

	当初の物価指数	変化後の物価指数
日本	100	200 （物価が2倍に／100円の商品は200円に変化）
アメリカ	100	160 （物価が1.6倍に／1ドルの商品は1.6ドルに変化）
	1ドル＝100円	1ドル＝ 125 円 （1.6ドル＝200円）

1（ドル）：x（円）＝1.6（ドル）：200（円）
$1.6x = 200$
$x = 125$

　設問の表によると、日本の物価は**2倍**（200÷100）に、アメリカの物価は**1.6倍**（160÷100）になったことがわかる。このことは、日本では100円で買うことができた商品が200円（100円×2）へと上昇し、アメリカでは1ドルで買うことができた商品が1.6ドル（1ドル×1.6）へと上昇したことを意味する。

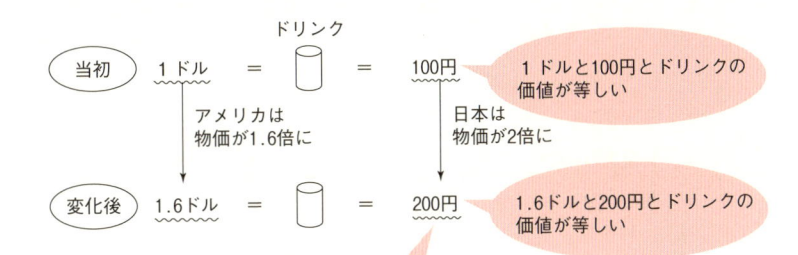

| 当初 | 1ドル ＝ ドリンク ＝ 100円 | 1ドルと100円とドリンクの価値が等しい |

アメリカは物価が1.6倍に　　日本は物価が2倍に

| 変化後 | 1.6ドル ＝ ドリンク ＝ 200円 | 1.6ドルと200円とドリンクの価値が等しい |

1.6ドルと200円が等しいとき、1ドルは125円と等しくなる

　購買力平価の考え方に立てば、為替レートはこの物価水準に基づいて決まるので、当初1ドル＝100円だった為替レートは、物価水準の変化に伴い1ドル＝ 125 円となる。
　以上より、空欄　X　には125が入る。

解　答　125

練習問題7　国際収支・為替レート

問28 次の表は、ある年における仮想の国の国際収支表を示したものである。表中の空欄 A ・ B に入れるのに最も適当な数値をそれぞれ答えよ。

経常収支	A 兆円
貿易・サービス収支	9.8 兆円
第一次所得収支	16.3 兆円
第二次所得収支	− 1.3 兆円
資本移転等収支	− 0.4 兆円
金融収支	B 兆円
誤差脱漏	0.1 兆円

問29 1ユーロ＝131円であるとき、日本のある電気機械の企業が自社製品をユーロ圏で販売し、2億ユーロの売上げがあった。その半年後に1ユーロ＝111円になったとき、この企業が同じ数量の同じ製品をユーロ圏で販売し、相変わらず2億ユーロの売上げがあったとすれば、円に換算した売上げはどのくらい増加または減少するか。正しいものを、次の①～④のうちから一つ選べ。

① 20億円増加する。
② 40億円増加する。
③ 20億円減少する。
④ 40億円減少する。

（大学入試センター試験　本試験）

問30 ある日本の投資家が、円で保有している一定額の資産を、1年の間、日本で運用するかアメリカで運用するかの選択を行うとしよう。日本の金利は年率2%であり、現時点での為替レートは1ドル＝100円であるとき、2つの運用方法での収益の比較に関する記述として**適当でないもの**を、次の①～④のうちから一つ選べ。

① アメリカの金利が年率1%であり、1年後の為替レートが1ドル＝100円となるならば、日本で資金を運用した方が円での収益は大きい。
② アメリカの金利が年率1%であり、1年後の為替レートが1ドル＝90円となるならば、日本で資金を運用した方が円での収益は大きい。
③ アメリカの金利が年率3%であり、1年後の為替レートが1ドル＝90円となるならば、アメリカで資金を運用した方が円での収益は大きい。
④ アメリカの金利が年率3%であり、1年後の為替レートが1ドル＝110円となるならば、アメリカで資金を運用した方が円での収益は大きい。

(龍谷大)

問31 次の文中の空欄 ア ・ イ に当てはまる数値を計算せよ。小数が発生する場合は、小数第3位を四捨五入し、小数第2位まで求めよ。

　為替相場は外貨の需給によって日々変動するが、長期的にどのような水準へと落ち着くかについては、次のような考え方がある。すなわち、同じ商品であれば、これをドルで表示しようが円で表示しようが同じ価格になるように、為替相場の水準は落ち着くはずというものである。このような考え方を購買力平価説という。
　国内外のハンバーガーの価格を例にとって考えてみよう。例えば、ある時点において、日本におけるM社のハンバーガー価格は262円であり、アメリカではM社の同じハンバーガーの価格が2.49ドルであったとする。このとき、仮に為替相場が1ドル＝100円であったとすると、円表示のアメリカのハンバーガー価格は249円となる。アメリカのハンバーガーの方が安いので、日本はアメリカからハンバーガーを輸入することになる。輸入代金支払いのためにドルの需要が多くなるから、ドルは値上がりして円は安くなるであろう。逆に為替相場が1ドル＝110円であったとすると、円表示のアメリカのハンバーガー価格は ア 円となる。つまり、日本のハンバーガーの方が安くなるので、日本からアメリカに向けてハンバーガーの輸出がはじまる。輸出企業は代金として稼いだドルを外国為替市場で売るので、ドルは値下がりして円は値上がりするであろう。結局、国内外のハンバーガー価格を等しくするために、為替相場は1ドル＝ イ 円の水準へと落ち着くはずである。

(明治大)

第8章 その他計算問題

例題28　ローレンツ曲線とジニ係数　　　　情報推論型　★★☆

次の文章中の空欄 1 ～ 4 に入る最も適当な数式・数字を、下のア～スのうちからそれぞれ一つ選べ。

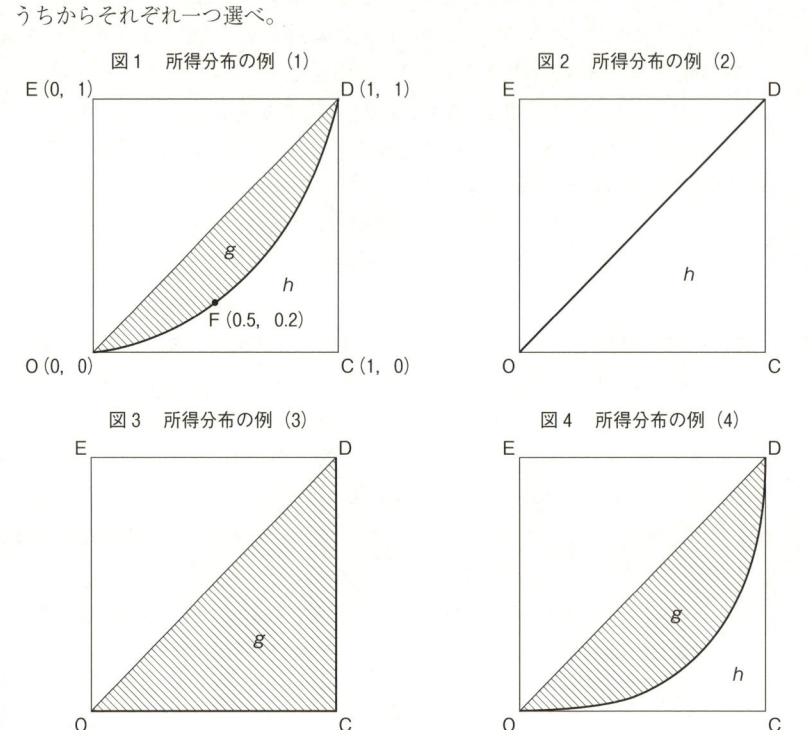

図1　所得分布の例（1）

E(0, 1)　　　　　　D(1, 1)

g

h

F(0.5, 0.2)

O(0, 0)　　　　　　C(1, 0)

図2　所得分布の例（2）

E　　　　　　D

h

O　　　　　　C

図3　所得分布の例（3）

E　　　　　　D

g

O　　　　　　C

図4　所得分布の例（4）

E　　　　　　D

g

h

O　　　　　　C

　生産要素の提供者に分配された所得について、その分布の不平等の度合いを、上の図を用いてあらわすことができる。**図1**から**図4**の横軸は人数の累計を、縦軸は所得の累計をあらわす。ただし、所得の低い人から高い人へと順に、人数の累計と所得の累計を求めてある。また各累計を元の合計で割って、合計が1になるようにしてある。たとえば**図1**の点F（0.5, 0.2）の座標は、所得の低い人から順に数えて人口の50％にあたる人々の所得の合計が、全体の所得の合計の20％にあたることをあらわし、曲線OFDは所得分布をあらわす。かりに全員が同じ所得水準であるとすると、人数の累計と所得の累計とは一致するから、それらの関係は**図2**のよ

うな対角線 OD であらわされる。他方、所得が完全に1人に集中すると、人数の累計と所得の累計との関係は図3のように折れ線 OCD であらわされる。この両極端の間に図1や図4のような場合があり、図3の場合ほどではないが所得分布に不平等がある。各図の斜線を施した部分の面積は所得分布の不平等の度合いを示し、面積が大きいほど不平等の度合いが大きいことを示す。

Ⅰ　図1や図4の斜線を施した部分の面積（g）と三角形 OCD の面積（$g+h$）の比によって、所得の不平等の度合いを測ることができる。この比はジニ係数と呼ばれる。この比を h を用いてあらわすと　1　となる。

Ⅱ　ジニ係数は　2　という範囲の値をとり、全員が同じ所得水準のときは　3　を、所得が1人に集中しているときは　4　をとる。

ア　$1+h$　　　イ　$1-h$　　　ウ　$1+2h$
エ　$1-2h$　　オ　−1以上1以下　カ　0以上1以下
キ　−1以上0以下　ク　0以上2以下　ケ　1以上2以下
コ　−1　　　　サ　0　　　　　シ　1
ス　2

(早稲田大)

―《設問のポイント》―

　問題本文の中で図の読み取り方が説明されており、その説明に従い、設問に登場するジニ係数について考えていくことで、正解を導くことができる。この設問を通じて、ローレンツ曲線とジニ係数への理解を深めておきたい。

＜ローレンツ曲線とジニ係数＞

　ローレンツ曲線は、縦軸には所得の累積を、横軸には人数の累積をそれぞれあらわす図において示されるもので、図1～図4の太線部分がそれにあたる。例えば、所得が完全に均等に分配されている場合（図2）、ローレンツ曲線は原点を通る傾斜45度の直線（均等分布線）に一致する。そして、所得分布が不均等であればあるほど45度線より下に張り出すことになる（図1→図4→図3の順に所得の不平等の度合いが大きい）。

　ジニ係数は、ローレンツ曲線と45度の直線（均等分布線）とで囲まれた面積の45度の直線よりも下の三角形の面積に対する比率によって、所得分配の均等度をあらわしたものであり、0から1までの値をとることになる（0≦ジニ係数≦1）。

解法

1 問題文によれば、**ジニ係数は斜線を施した部分の面積（g）と三角形OCDの面積（$g + h$）の比**によって示される。

$$\text{ジニ係数} = \frac{\text{斜線を施した部分の面積}}{\text{三角形OCDの面積}}$$

$$= \frac{g}{g + h} \quad \cdots \text{①式}$$

また、**図1**によれば、原点O $(0, 0)$　点C $(1, 0)$　点D $(1, 1)$ となっている。このことから、三角形OCDの面積（$g + h$）は $1 \times 1 \div 2 = 0.5$ となること、そして、斜線を施した部分の面積（g）が $0.5 - h$ となることがわかる。

ジニ係数を h を用いてあらわすため、$g = 0.5 - h$ を①式に代入すると、

$$\text{ジニ係数} = \frac{0.5 - h}{0.5 - h + h}$$

$$= \frac{0.5 - h}{0.5}$$

$$= 1 - 2h \quad \cdots \text{②式}$$

となり、この②式が空欄 **1** に入る数式として最も適当である。

2～**4**　問題文によれば、全員が同じ所得水準である（所得分布が完全に平等である）場合、**図2**のように g の面積は 0（$g = 0$）となり、h の面積は 0.5（$h = 0.5$）となる。$g = 0$ と $h = 0.5$ を①式あるいは②式に代入してジニ係数を求めると、その値は **0** となる。

一方、所得が完全に1人に集中する場合、**図3**のように g の面積は 0.5（$g = 0.5$）となり、h の面積は 0（$h = 0$）となる。$g = 0.5$ と $h = 0$ を①式あるいは②式に代入してジニ係数を求めると、その値は **1** となる。

ジニ係数は、斜線を施した部分の面積（各図の太線と対角線ODとで囲まれた面積）の三角形OCDの面積（対角線ODより下の三角形の面積）に対する比によって示されるのだから、その値は **0 から 1 までの範囲**をとる（$0 \leq$ ジニ係数 ≤ 1）。したがって、**2** には「0以上1以下」が、**3** には「0」が、**4** には「1」がそれぞれ入る。

解 答　**1** エ　**2** カ　**3** サ　**4** シ

漢字ドリル㉕
与党が数の力にものをいわせてキョウコウ採決に踏み切った。

〈解答〉強行
×強硬

漢字ドリル㉖
保険会社や年金機構などはキカン投資家と呼ばれる。

〈解答〉機関
×基幹

漢字ドリル㉗
景気がカネツした場合には資金吸収（買い）オペレーションが実施される。

〈解答〉過熱
×加熱

漢字ドリル㉘
ＩＭＦ体制では、米ドルがキジク通貨とされた。

〈解答〉基軸
×機軸

漢字ドリル㉙
社会契約説はオウケンシンジュ説を批判した。

〈解答〉王権神授
×王権神受

漢字ドリル㉚
国会にはダンガイサイバンショの設置権がある。

〈解答〉弾劾裁判所
×弾刻裁判所

例題29　期待値の計算　　　　　　　　　　　　　　　　　　　情報推論型　★★☆

　あなたが友達に，年当たりの利子10%で1万円を1年間貸すこととする。1年後お金を返してくれれば金利も含めて1.1万円戻ってくる。しかし，あなたは友達に破産の確率が1%あると考えている。破産の時には戻ってくるのは0円である。この時，戻ってくるお金の期待値は

$$1.1 \text{万円} \times 0.99 + 0 \text{万円} \times 0.01 = 1.089 \text{万円}$$

と計算される。あなたが戻ってくると期待している額が1.089万円である。

　次のギャンブルを考える。今，あなたが10万円持っているとする。5万円の賭け金でギャンブルをして勝てば賞金10万円が手元に入り，合計15万円が手元に残る。もし負ければ賭け金を失って，5万円が手元に残る。

　上の考えを拡張する。すなわち，お金を所有していること，あるいは使用することの有用性は金額で計られるのではなく，あなたの評価した価値で計られるものとする。あなたは5万円の価値を4.70単位と評価する。10万円の価値は5.00単位と評価する。15万円の価値は5.18単位と評価する。さらにあなたはギャンブルに勝つ確率が50%で，負ける確率が50%であると考えているものとする。

　この時ギャンブルに参加しないと，所有しているお金は10万円のままである。そして10万円の価値は，上に設定したように，5.00単位である。もしギャンブルに参加したなら，その結果の価値の期待値は

$$5.18 \times 0.5 + 4.70 \times 0.5 = 4.94 \text{（単位）}$$

と計算される。あなたがギャンブルに参加した場合の価値をその期待値で評価すると仮定する。今の例では参加しない場合の価値が5.00単位となり，参加した場合の価値の期待値4.94単位よりも大きい。したがって，この場合ではギャンブルに参加しないことになろう。

問1　数値例を変えて，あなたが5万円の価値を2.50単位と評価し，10万円の価値は10.00単位と評価し，15万円の価値は22.50単位と評価するものとする。さらにギャンブルに勝つ確率が50%で，負ける確率が50%であると，あなたは考えているものとする。

　　　このギャンブルの価値の期待値を計算し，その値として最も適当なものを，次の①〜⑤のうちから一つ選べ。

①　2.5　　　②　4.94　　　③　10.0　　　④　12.5　　　⑤　22.5

問2 問1の数値例の場合、上の説明文に則して考えると、ギャンブルに参加することになるのか。最も適当な記述を、次の①～③のうちから一つ選べ。
① ギャンブルに参加しないことになる。
② ギャンブルに参加することになる。
③ 参加しても参加しなくても同等で差はない。

(中央大)

《設問のポイント》

問題本文の中で**期待値**の求め方が説明されており、その説明に従い、設問に登場する数値を活用すれば、正解を導くことができる。頻出とは言えないが、期待値を計算させる設問が出題されても対応できるよう、その計算方法も押さえておきたい。

解法

設問に示されている計算式をまず参照しよう。

- 15万円の価値 = 5.18 単位
- 5万円の価値 = 4.70 単位
- 10万円の価値 = 5.00 単位よりも小さいので不参加

$5.18 \times 0.5 + 4.70 \times 0.5 = 4.94$ (単位)

- 勝って15万円が手に入る確率
- 負けて5万円しか残らない確率

この式と同じように、数値を当てはめればよい。

- 15万円の価値 = 22.50 単位
- 5万円の価値 = 2.50 単位
- 10万円の価値 = 10.00 単位よりも大きいので参加

$22.50 \times 0.5 + 2.50 \times 0.5 = 12.50$ (単位)

- 勝って15万円が手に入る確率
- 負けて5万円しか残らない確率

したがって、期待値は12.50なので、**問1**は④が正解。そして、ギャンブルに参加した場合の価値の期待値は12.50単位と、ギャンブルに参加しない場合の価値（所有しているお金は10万円のままで、その価値は10.00単位）よりも大きい。したがって、この場合ではギャンブルに参加することになるから、**問2**は②が正解となる。

解答 問1 ④ 問2 ②

練習問題8　その他計算問題

問32　4分の1の確率で1万円、4分の3の確率で2,000円がもらえるクジがある。このクジにおける期待所得（期待値）を求めよ。

問33　ある企業が3か月後に売上代金をドルで受け取る予定であり、現在の為替レートは1ドル120円であるとする。さらに、3か月先に1ドル102円となる確率は2分の1で、162円となる確率も2分の1とする。そのとき、3か月後に期待される円建ての売上代金は現在の為替レートと比較して、何％増加あるいは減少するか。

（早稲田大）

第 2 部

論述問題編

《論述問題編　ガイダンス》

■論述問題編とは

　この論述問題編では、<u>私立大入試でも意外と多くの大学で出題され、国公立二次試験では出題の主流である</u>、論述問題を攻略するパートです。「論述」というだけで引いてしまう人や対策方法が分からなくて困惑する人も少なくないのが現状ですが、きちんとした<u>学習を積む</u>ことで、十分な対応ができるようになるはずです。

■論述問題攻略の秘訣とは

　論述問題攻略の秘訣は**「とにかく書いてみる」**ことです。大学入試には、(a)単語を解答する記述式問題、(b)語句選択問題、(c)短文正誤問題など、いろいろな形式があります。しかし、どの形式であれ、必要な知識は共通です。たとえば「赤字国債」がテーマだとすれば、「□□□の発行は財政法で禁止されている」の空欄に、(a)なら「赤字国債」を記述で埋める、(b)なら示された語句から「赤字国債」という単語を選びその記号を答える、(c)なら「赤字国債の発行は財政法で禁止されている」という文を正文だと判断して解答する、という違いがあるだけです。「赤字国債の発行は財政法で禁止されている」という**必要な知識は、全く共通です**。「赤字国債の財政法での扱いについて説明しなさい」という論述問題であれば、「赤字国債の発行は財政法で禁止されている」と文で記せばよいだけなのです。

　このように、違いは「解答のやり方」だけだとすれば、**共通する必要な知識の上に、文や文章で解答するという「解答のやり方」の練習を積めばよいだけ**です。だからこそ、論述固有の対策というのは「とにかく書いてみる」に尽きるのです。

■論述問題編の特長

　国公立大二次試験や私立大入試から精選した論述問題をもとに、「例題」と「練習問題」を示しました。「例題」では、**何にポイントを置いて書くべきなのか（的を射抜くには何が大切か）**、**指定された字数の中でどうまとめればよいのか**を、必要に応じて反省材料となる「残念答案」も示しながら、詳しく解説しました。「練習問題」ではそこで習得した「書き方」をもとに、さらなる演習を積むことになります。

　「例題」「練習問題」ともに、基本問題から難度の高い問題まで、短い字数のものから比較的長い字数のものまで、いろいろなタイプのものを示しました。また、次で詳述しますが、一口に「論述問題」といっても、そこで問われている（あるいは答えるべき）内容には、さまざまなパターンがあります。「この問題はどのパターンなのか」も示しましたので、自分が志望する大学のタイプやパターンにあわせて、学習を進めることができます。

■論述問題編の活用方法は

　まずは「例題」から。「例題」というと「『例』だから読んで納得すればいいのかな」と思う人もいるかもしれませんが、それは違います。先にも述べたように、論述問題攻略の秘訣は「とにかく書いてみる」ことです。ですから、**まず「例題」の設問だけを見て、自分ならどう書くか考え、実際に自分なりの答案を作成してみましょう**。「どうしても糸口が見出せなくて書き始められない」という場合には、「設問のポイント」を読んで、改めて考えて答案作成にチャレンジしてください（解答例は最後の最後まで見ないでください）。とりあえず答案が書けたならば、今度は「**書くべき事柄」と照らし合わせて、その事柄が書けているか（的を外していないか）を確認してください**。そして最後に、解答例を参照してください。

　なお、問題によっては「残念答案例」がありますが、これは的を外してしまった答案の例です。「書くべき事柄」をよりしっかりと理解するための材料です。自分の作った答案は、もちろん本人にとっては「よく書けた」というものでしょう。しかし、第三者が見ると「解答として不足だよ」ということがよくありますが、書いた本人は「なぜ不足なのか」がなかなか理解できません。残念答案例を参照することで「なるほどこれでは不足だな」として、書くべき事柄について理解を深めることができるとともに、「ありがちな残念」に陥らないようになれると思います。

　次に「練習問題」。こちらでも書くべきポイントを示してありますので、「例題」と同じように、答案作成とポイントのチェックを進めてください。

　いずれにせよ、解答例と一字一句同じである必要はまったくありません。要は、書くべきポイントが書けているかどうかです。逆にいえばポイントさえ外していなければ問題はないのです。自分の答案をチェックする際には、解答例そのもの以上に、ポイントとの対比を重視してください。

■論述問題を恐れている人に

　過去問集の模範解答を見ると、「文句のつけようのない専門的で素晴らしいもの」が多く示されています。「模範解答」ですから、それはある意味で当然でしょう。しかし、こうした模範解答を見ると「こんなの書けないよ」と思うでしょうし、それが論述問題を恐れさせてしまっている原因の一つなのかもしれません。ですが、高校までの学習を前提とする受験生が専門家に匹敵するような内容を示すのは、現実的には困難です。繰り返しになりますが、**受験生に求められているポイントを外さない**ことが、**入試では大切**なのです（だからこそ、くどいようですが、ポイントとの対比を重視してください）。「表現の素晴らしさ」や「専門性」に、過度にこだわる必要はありません。この本でも、あえて「素晴らしさ」にはこだわらず、**受験生の手が届くところでどう書いたらよいのか、その点を意識しています**。

《論述問題のパターン》

パターン1　定義を簡潔に示すもの（簡潔定義型）
　言葉の定義を説明させるもの。辞書的な定義を示すことが求められているので、**知識を正しく示せるかどうかがポイント**。論述問題の基本であり定番。

パターン2　定義を示した上でより詳細な説明を加えるもの（定義詳細型）
　「説明しなさい」とあるものの、辞書的な定義を説明しただけでは字数が大幅に不足するのは、このパターンであることが多い。辞書的な定義に加え、背景や歴史、判例や問題点のような**密接に関連する事柄を**（理解を助ける補足説明のように）**追加**して、いわば「字数を稼ぐ」必要がある。

パターン3　いくつかの知識を組み合わせてまとめるもの（知識組合せ型）
　たとえば「バブル経済」について問われつつも、背景である円高不況のこと、その際の低金利政策のこと、低金利で供給された資金が土地・株への投機に流れたこと、といったいくつもの知識をまとめて示すもの。日頃から、一問一答的な学習ではなく、**事項のつながりをしっかりと意識しながら学習を進めておくことが重要**。

パターン4　知識をもとに推論する力が試されるもの（知識推論型）
　たとえば「表現の自由が民主主義にとって重要であるのはなぜか」のように、「表現の自由が保障されている」というだけにとどまらず、民主主義との関係という**一段深いところについて考えられるかどうかが試される**。もちろん思考力が問われるので自分なりに考えることは必要だが、個人的な思い込みだけでは意味がない。一般的な**入試問題の本文の論旨をきちんと追って理解することが、じつは政経的な思考力を育成するのに大きく貢献する**。

パターン5　自分の考えを示すもの（自分の考え型）
　たとえば「死刑制度について意見を述べなさい」のような設問がこれである。「賛成なら正解」とか「反対なら正解」ということはありえず、意見の是非は採点には影響しない。**「なぜそう考えるのか」という理由を説得的に示せるかどうかが試されている**。「何となくこう思う」という個人の思い込みを記すのではダメ。

パターン6　与えられたデータを分析し考察するもの（データ分析型）
　図表の形でデータが与えられ、それをもとに「読み取れること」や「その背景」を論じさせるタイプのもの。頻出タイプではないが、国公立二次試験ではそれなりに出題される。データを踏まえずに思い込みで記すとか、データと無関係に関連する一般論を書き並べるだけでは、きわめて低い評価になってしまう。

　論述問題の基本形には、大きく上のようなパターンがある。各例題・練習問題がどのパターンに当たるかを（　）内の略称で示したので、参考にしてほしい。

《論述答案作成上の注意と技術》

☐ 字数は厳守
指定の字数のオーバーは、たとえ1文字でも禁止。一方、少なすぎるのも不可。必要な事柄が書けていないと思うこと。あまりにも字数が少ない場合は、採点対象外になることもある。**最低でも指定字数の8割、できれば9割以上を埋めること**。

☐ 誤字・脱字に注意
誤字・脱字は減点対象。そればかりか、意味が変わってしまう誤字であれば、それが原因で不正解となることもありうる。たとえば、同じ「ヘンザイ」でも、わずかに部首を間違えただけで正反対の意味になってしまう。

- 「石油は地理的に偏在している」＝石油は地理的にかたよって存在している
- 「石油は地理的に遍在している」＝石油は地理的にどこにでも存在している

☐ 句読点も1文字、算用数字は2つを1文字として可
句読点も1字として数える。行末であっても、1マスに文字と句読点の両方を書くことはしない（例1）。とくに指定がない場合には、**算用数字は2ケタを1マス**に記しても差し支えない（例2）。なお、文頭を1文字あけるといった原稿用紙の作法を使う必要はない（例3）。

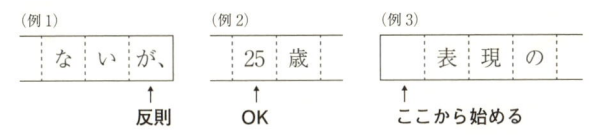

（例1）	（例2）	（例3）
な｜い｜が、	25｜歳	｜表現｜の
↑反則	↑OK	↑ここから始める

☐ 文体は常体（である体）を使い、比喩や文学的表現は使わない
限られた字数で論じるので、**端的に常体で表現**する（「ですます調」は使わない）。論述は論理をきちんと示さなければならないので、比喩的表現（「スポーツでもルールが大切なように、政治でも法律が…」）や感情的な言葉（「人間的な生存が保たれないのは悲しいことなので…」）、あまりに口語的な表現（「すごい勢いで輸出」、「利子が高いと大変なので…」）は使わない。

☐ 論理的な接続を心がけること
単語だけを書き並べて矢印でつなぐのは論外（「市民革命→自由権の実現」）。**意味の通る日本語を書くこと**。その点から、接続詞の使い方に注意したい。たとえば、「…円高が進行したが、輸出企業は打撃を受けた」のような使い方はおかしい。円高が進むことは輸出不振の要因なのだから、「…円高が進行したため、輸出企業は打撃を受けた」としなければならない。

この他の書き方の骨格といったポイントは、例題を通じて個別に示していく。

第1章 民主政治の基本原理・日本国憲法の基本原理

例題1　社会契約説　　　　　　　　　　　　　知識組合せ型　★★☆

> ホッブズ、ロック、ルソーはいずれも社会契約説を唱えたが、その思想にはかなりの開きがある。相違点を明らかにしなさい。〈19.5 cm×8行〉
>
> （青山学院大）

《設問のポイント》

「相違点を明らかにしなさい」とあるように、**3人それぞれの違いを論述すること**が求められている。たんに3人の契約説の内容を並べ立てるだけでは、この設問の条件に合致しないので、適切な解答とはならない。何が違うのか、対比的に述べることが必要である。答案作成の技術として、「この点が違う」ということがハッキリと分かるように記すと、採点者に対して「私は分かっていますよ」ということがアピールできるので、より良いだろう。

✘書くべき事柄✘

3人とも、**社会契約**を結んで国家を設立するという点では共通するが、典型的な違いとしては、次の点があろう。

(a)その前提となる**自然状態**の捉え方。
(b)設立した国家のあり方（国家と人民との関係）

☞ (a)・(b)いずれの点からも論述できるので、両方を論じることもできるだろうが、字数の制約があれば片方に絞っても良いだろう。

	ホッブズ	ロック	ルソー
自然状態	**万人の万人に対する闘争状態**	**基本的に平和**な状態（しかし自然権確保の確実性に欠ける）	自由・平等な**理想的状態**（ただし文明の発達により失われる）
契約内容など	自然権を放棄 国家に**絶対服従**	自然権を信託 人民は**抵抗権**をもつ	公益の実現をめざす全人民の意志である**一般意志**に服従

解答例①

3人の思想の相違点として、自然状態の捉え方を挙げることができる。ホッブズは、自然状態を「万人の万人に対する闘争」状態と捉え、この状態を克服し平和を実現するための社会契約説を説いている。ロックは自然状態を基本的には平和な状態と捉えているが、自然状態においても自然権が侵害されることはあるとし、自然権をよりよく保障するための社会契約説を提唱している。ルソーは自然状態を理想的な状態と捉えているが、私有財産制の導入によってこうした理想状態は失われたとし、失われた理想状態を回復するための社会契約説を提唱している。(253字)

☞ (a)に絞った解答例。「闘争」「平和だが侵害の可能性」、「理想的な状態」という3人の相違を対比させている。さらに、出だしの部分で「3人の思想の相違点として、自然状態の捉え方を挙げることができる」と**解答のポイントを打ち出している**。

解答例②

ホッブズの場合、契約によって設立された国家は人民を絶対的に支配する強力な存在であるから、人々は国家に対して絶対服従しなければならない。ルソーの場合も、一般意志への服従を契約内容とするものであるから、一般意志を代表する国家への絶対的服従が求められるものの、その一般意志自体が人民主権にもとづく人民全体の意志として形成されることを前提としている点で、ホッブズと異なる。国家への服従を説く両者に対して、ロックは国家が信託に反した場合には抵抗権を行使できるとしている点で、ホッブズ・ルソーのいずれとも異なっている。(253字)

☞ (b)に絞った解答例。「絶対服従」「服従するがその意思形成のあり方が異なる」「抵抗権を容認」として、3人の相違を対比させている。この例の場合、途中にたとえば「ホッブズと異なる」や「両者に対して」として、**違う点を対比していること**が分かるようになっている。

解答例③

自然状態の想定と、設立した国家に対する人民の態度が、それぞれ相違する。ホッブズの場合、自然状態を闘争状態として捉えており、設立した国家に人民は絶対的に服従すべきとされる。ロックの場合、自然状態は基本的に平和な状態であり、設立した国家が信託に反した場合には、人民には国家に抵抗する権利が認められる。ルソーの場合、自然状態は自由・平等な理想的な状態であるが、一般意志に服従することが求められるので、一般意志を代表する国家に対して服従しなければならないとされる。(228字)

☞ (a)と(b)の両方を盛り込んだ解答例。

例題2　法の支配　　　　　　　　　　　　　　　　定義詳細型　★★☆

「法の支配」について200字以内で説明しなさい。

（高崎経済大）

《設問のポイント》

「法の支配とは何か」の簡潔な定義だけをたんに記すだけでは、まず200字には届かない。**その原理のめざすところや、対義語など密接に関わる事柄との対比**などを意識して、字数を満たすことが重要となる。

✘書くべき事柄✘

法の支配は、**国民の自由や権利を擁護することが目的**。その特徴を浮かび上がらせるためには、次のような対比を意識すると良い。

- **法の支配** ＝法による統治。為政者（権力者）の恣意的支配を防ぐため、**為政者を法によって拘束**する。
- **人の支配** ＝国王といった「人」が恣意的に権力を行使。
- **法の支配** ＝**国民の自由や権利を擁護する内容**の法でなければならない。
- **法治主義**（19世紀ドイツの法治国家思想）＝法の内容は問わない。

この2つの対比から分かるように、「法の支配」のポイントは、権力者を拘束する点、内容が重視される点にある。この**対比をとりながら論じると、法の支配の特徴をしっかりと論じることができ、また字数も稼ぐことができる**だろう。

> それでも字数が不足する場合には、密接に関わるエピソード（「国王といえども神と法の下にある」）や、日本国憲法に見られる法の支配の原理（公務員の憲法尊重擁護義務など）についての説明を挿入することも、一つの手である。

解答例①

「法の支配」は、近代民主主義の基本原理の一つで、国王などの為政者による恣意的な支配を意味する「人の支配」を否定するものである。「法の支配」では、為政者の恣意的支配を防ぐために、為政者を法によって拘束することで国民の権利や自由を確保することが重視される。そして、国民の権利や自由を侵害するような内容の法が制定されたならば、その法は否定されるなど、制定された法の内容が重視される点に特徴がある。（195字）

☞ 最初の部分で**人の支配と対比**し、後半部分では「法治主義」という言葉こそ出していないが、**法の内容が重視される**という点を述べている。

解答例 2

「法の支配」は、人々の自由を確保するために、国王の専制的な権力行使を制限するという考えとして生まれたもので、権力をもつ者であっても、国民の自由や権利を確保するという内容をもった法に従うべきであるという原則をさす。日本国憲法もこうした法の支配の考え方に立っており、そのことはたとえば、政治権力を担う国務大臣や国会議員をはじめとする公務員が憲法を尊重し擁護しなければならないという規定にも現れている。(198字)

☞ 「権力者を拘束」という点を中心にしながら、法の内容についても言及している。字数を満たすために「権力者を拘束」という点に沿って、日本国憲法の**公務員の憲法尊重擁護義務**(第99条)について述べている。

解答例 3

法の支配は、国王など国家権力による恣意的な支配を否定し、権力を法によって拘束することで、国民の自由や権利を確保しようとする原理である。そのため、法の内容は自由や権利を擁護するものでなければならず、法の内容が重視される原理である。イギリスの裁判官コークは、「国王といえども神と法の下にある」というブラクトンの言葉を引用して国王による恣意的な権力行使をいさめたが、これは法の支配を説いたものとされる。(198字)

☞ 解答例2と同様に字数が不足したので、法の支配が確立するにあたっての有名な**コーク(クック)のエピソード**を追加した。

残念答案例

法の支配とは、法にのっとって社会を動かさなければならないという原理である。絶対王政の時代には、絶対的な権力を持つ国王という「人」が自由に社会を動かしていたので、人が社会を支配するという「人の支配」の時代であった。しかし、市民革命では絶対王政のような人による支配を否定したことから、客観的なルールである法律にしたがって社会を動かす、すなわち法が社会を支配するという「法の支配」が求められたのである。(198字)

☞ 「人の支配」と対比をとっている点は良いのだが、「法の支配」の肝心な意義、すなわち**法の内容が重視される点や権力者を拘束する原理であるという点が明確になっていない**。これでは、採点者は「法の支配の肝心な点をこの受験生は理解していないな」と判断せざるを得ないので、答案としては低い評価になってしまう。

例題3　**女子差別撤廃条約と日本の対応**　　　知識組合せ型　★★☆

> 1979年に成立した女子差別撤廃条約に日本は1985年に加入した。日本が同条約加入のために行った国内法の整備について、法律の名称を二つあげて説明しなさい。
> 〈15cm×4行〉　　　　　　　　　　　　　　　　　　　　　　　　　　　（埼玉大）

《設問のポイント》

女子差別撤廃条約の批准にあたって日本がどのような対応をとったのかについての知識を示すことが求められている。知識習得にあたって、条約批准と日本の法改正とをセットにして押さえていれば、書くべき内容はすぐに思いつくだろう。

✘書くべき事柄✘

女子差別撤廃条約は、締約国に対して、女子に対する差別を撤廃する政策をとることを求めているので、日本もたとえば次のような国内法の整備を行った。

(a) **国籍法**改正：父が日本国籍の場合にその子は出生とともに日本国籍を取得できる（父が外国籍で母が日本国籍の場合は取得できない）という規定（**父系血統主義**）を、父または母が日本国籍の場合に日本国籍を取得できる（**父母両系血統主義**）ように改めた。

(b) **男女雇用機会均等法**制定：雇用における女子差別防止をめざす法を制定。

解答例①

一つ目に、国籍法を改正した。同法の改正により、子の出生による国籍取得の方式が、父系血統主義から父母両系血統主義に改められた。二つ目に、男女雇用機会均等法を制定した。同法の制定により、雇用の分野における男女の均等な機会確保が図られた。(116字)

☞　「法律名を二つ」という設問なので、一つずつ、第1文、第2文として名称をあげその内容を簡潔に記した。

解答例②

一つに、国籍法を改正して、父が日本国籍の場合に子は日本国籍を出生とともに取得できるという規定を、父または母が日本国籍の場合に取得できると改めた。もう一つに、男女雇用機会均等法を制定して、雇用における女子差別の撤廃を図った。(111字)

☞　解答例1の「父系血統主義」や「父母両系血統主義」を、用語ではなく内容説明の形で記述したもの。

例題 4　　大日本帝国憲法　　　　　　　　　知識組合せ型　★☆☆

　大日本帝国憲法の特徴について、主権者、保障されている権利、統治機構という3つの観点から説明せよ。〈20 cm×4行〉

（愛知学院大）

《設問のポイント》
　何を書くべきか、すなわち答案作成上のポイントが、設問のなかに明確に示されているので、それに沿って一つずつ解答すればよい。

✘書くべき事柄✘
「主権者」………………**天皇**（天皇主権）。
「保障されている権利」…**自由権中心**だが、**「法律の留保」**が付けられている。
「統治機構」……………天皇が**統治権の総攬者**（三権は究極的には**天皇**に属する）。
　　　　　　　　　　　｛**帝国議会**＝天皇の立法権の**協賛**機関
　　　　　　　　　　　　国務大臣＝天皇を**輔弼**する機関
　　　　　　　　　　　　裁判所＝**天皇の名**によって裁判を行う機関
⇒この3つの事柄を、解答欄に収まるように内容を調整しながら、順に記述すればよい。

解答例①
天皇が主権者であった。自由権を中心とした権利保障の規定があったが、法律の範囲内で保障されるにすぎなかった。統治機構については、帝国議会・国務大臣・裁判所がそれぞれ設けられていたが、あくまでも天皇が統治権を総攬するとされていた。(113字)
　　☞「主権者」、「権利」、「統治機構」について、それぞれ順に記した。欲を言えば、統治機構について帝国議会・国務大臣・裁判所の役割にも触れたいところではあるが、そのためにはどこかの記述を簡略化する必要がある。

解答例②
主権者は天皇であり、臣民の権利は法律の範囲内で保障されていた。統治権の総攬者は天皇であり、帝国議会は天皇の立法権の協賛機関、国務大臣は天皇に対する輔弼責任を負う機関、裁判所は天皇の名において裁判を行う機関と位置づけられていた。(113字)
　　☞ 権利保障について解答例1よりも簡略に記し、その分の字数を統治機構のより詳しい論述に充てた。

例題5　集団的自衛権　　　　　　　　　　　　　　　　　簡潔定義型　★☆☆

> 　国際法上、国家が有するとされている集団的自衛権とは、どのような権利をいうか。その内容を50字以内で説明せよ。

《設問のポイント》
基本知識である「集団的自衛権」の定義を、簡潔に記せばよい。

✘書くべき事柄✘

自国が直接に武力攻撃を受けた場合にこれを排除するのが、**個別的自衛**。それに対し、
- (a)**自国が直接に武力攻撃を受けていなくても、同盟国が武力攻撃を受けた場合に、**
- (b)**これを実力で排除する**（**防衛行動をとる**）、

というのが**集団的自衛**。この(a)・(b)の点をきちんと示す。

解答例①
自国が武力攻撃を直接に受けていなくても、同盟国が武力攻撃を受けた場合に、実力で反撃する権利のこと。(49字)
　☞「書くべき事柄」で示した(a)・(b)を順番に並べ、内容を説明している。

解答例②
同盟関係や友好関係にある国への武力攻撃に対して、関係国が共同して防衛にあたる権利をいう。(44字)
　☞　前半部分では、攻撃を受けたのは（自国ではなく）同盟関係などにある国だと記述することで、(a)のポイントを説明している。

解答例③
自国と密接な関係にある国に対する武力攻撃を、自国に対する攻撃とみなして、防衛行動をとる権利をいう。(49字)

残念答案例
外国からの武力侵攻があった場合に、集団で自衛のためのさまざまな措置をとる権利のことを意味する。(47字)
　☞「外国からの武力侵攻」が自国にあったのかそうでないのかが**不明確**であり、(a)と(b)のポイントが示されていない。また、「集団で……さまざまな措置」が、はたして(b)のことであるかも分からない。

例題6　平等権　　　　　　　　　　　　　　　　　定義詳細型　★★☆

> 日本国憲法における個別的な平等規定を二つあげ、150字以内で説明せよ。
> 　　　　　　　　　　　　　　　　　　　　　　　　（東京学芸大　改）

《設問のポイント》
平等権に関する憲法の規定をたんに示すだけではなく、その**内容についても説明**することが必要となっている。

✘書くべき事柄✘
日本国憲法における平等権に関する規定
- (a)**法の下の平等**（第14条）
- (b)華族その他の**貴族制度の否定**（第14条2項）
- (c)**選挙権・被選挙権の平等**（第15条3項、第44条）
- (d)家族における**両性の本質的平等**（第24条2項）
- (e)**教育の機会均等**（第26条）

⇒　このうち、(a)は「個別的な平等規定」というよりも総則的な規定なので、(b)〜(e)のうちから2つを選び、その条文の内容を詳しく説明することが望ましい。

解答例①
一つ目に両性の本質的平等があげられる。日本国憲法は、婚姻や離婚、財産権、相続、住居の選定などについて、両性の本質的平等に立脚して法律は制定されなければならないと規定している。二つ目に教育の機会均等があげられる。日本国憲法は、すべての国民に対し、能力に応じて、ひとしく教育を受ける権利を認めている。(148字)

☞「書くべき事柄」で示した、(d)と(e)をとりあげたもの。

解答例②
まず、家族生活における両性の平等をあげることができる。憲法は、婚姻が両性の合意に基づいて成立することや、夫婦が同等の権利を有することを定めている。次に、選挙権・被選挙権の平等をあげることができる。憲法は、選挙権や被選挙権を、人種や信条、性別、教育、財産などによって差別してはならないと定めている。(148字)

☞ (d)と(c)をとりあげたもの。このうち(d)をとりあげた前半については、解答例1よりも平等の例示（「婚姻や離婚……」）の数を絞った分、「婚姻が両性の合意に基づいて成立」のように**具体的に**記している。

例題7　表現の自由　　　　　　　　　　　　　知識推論型　★★☆

> わが国のような議会制民主主義を採る国において、表現の自由が重視されるのは、なぜか。80字以内（横書き）で答えなさい。
>
> （青山学院大）

《設問のポイント》

「憲法では表現の自由が保障されている」という知識を示すのではなく、なぜ**表現の自由**が**議会制民主主義**にとって重要なのかを論じることが求められている。

✘書くべき事柄✘

表現の自由がない国で議会制民主主義が成り立つかどうかを考えてみよう。民主主義は国民の意思にもとづいて政治が行われることであるから、その国民が自由に意思を表明できなければ、民主主義は成り立たないと考えられる。

解答例①

表現の自由の保障は、国民が議会や議員に対して、あるいは議員が議会において自由に意見を表明することを可能にするものであり、民主主義の実現に不可欠であるから。(77字)

☞ 自由な意見表明が民主主義にとって不可欠である、という趣旨。

解答例②

表現の自由がないために国民が自由に政治的意思を述べることができないという状況であれば、国民の意思にもとづいた政治という民主主義の原理がそもそも成り立たないので。(80字)

☞ 基本的な骨格は解答例1と同じだが、自由な意思表明ができなければ民主主義が成り立たないとして、表現を解答例1と裏返しにして（否定形で）記述した。

残念答案例

日本国憲法は国民主権にもとづいて議会制民主主義を政治のあり方の根幹とすることを定めているが、その日本国憲法は基本的人権の一つとして表現の自由を保障しているから。(80字)

☞ たんに「日本国憲法には両方が規定されている」と書いているにすぎず、「**なぜか**」**という理由が示されていないので、そもそも設問に答えていない。**

例題 8　政教分離原則

知識推論型　★★★

> 政教分離原則を完全に貫こうとすれば、かえって社会生活に不合理な事態が生ずるとされることについて、具体例を複数挙げて説明しなさい。（200字以内）
>
> （一橋大　改）

《設問のポイント》

政教分離という基本知識があることは当然の前提としつつ、それが実際の社会生活とどのように関係するかを推論できるかどうかが試されている。

✗書くべき事柄✗

まず、政教分離の内容を確認しよう。(a)**宗教団体が国から特権を受けたり政治権力を行使することの禁止**、(b)**国などの宗教的活動の禁止**、(c)**宗教活動などへの公金支出の禁止**、がその骨格である。

これを前提に、論述にあたってはまず、**実際の社会生活における「宗教的なもの」を考えてみよう**。葬儀・追悼、仏像などの文化財、宗教に関する研究、宗教系の私立学校など、さまざまなものが思い浮かぶだろう。その次に、これらを**上記(a)〜(c)との関係を想定してみよう**。文化財保護や私学助成などは思い浮かびやすいだろう。

解答例①

一つ目に、寺社などの宗教団体が歴史的な文化財を保有する場合、その文化財を保護するための補助金を支出することができなくなり、貴重な文化財が失われる危険性が高まってしまうことが考えられる。二つ目に、いわゆる宗教系の私立学校に対する助成ができなくなり、同じ正規の学校でありながらそうでない私立学校との間で扱いが異なってしまい、宗教系の私立学校の生徒にのみ不利益が生じてしまうことが考えられる。(193字)

☞ 例は2つに絞ったが、それぞれについてやや詳しく論じた。

解答例②

国や地方自治体が観光振興事業の一環として寺社を紹介することができなくなったり、首相や地方自治体の首長が公人として国内外の葬儀や追悼行事に参列することができなくなって外交への影響や社会通念上の礼を失する場合が生じる。また、国公立大学において特定の宗教に関係する研究ができなくなって学問の自由が侵害されたり、歴史的価値を有するものであっても国公立の博物館では仏像や宗教画の展示・管理ができなくなる。(197字)

☞ 一つずつの例を手短にし、解答例1よりも多い4つの例を挙げたもの。

例題9　死刑制度　　　　　　　　　　　　　　自分の考え型　★★★

> 　死刑制度については国民の意見が分かれています。あなたは死刑の存在について賛成ですか反対ですか。必ずどちらかの立場に立って、5行以内で論じなさい。どちらの立場をとるにしても、その論拠を2つあげて持論を展開し、反対の立場からの論拠を1つあげてそれに反論を加えなさい。〈17.5 cm×5行〉
>
> （青山学院大）

《設問のポイント》

　賛成であれ反対であれ、「論拠」をきちんとあげられるか、「反対の立場からの論拠」を想定してそれにきちんと「反論」できるかどうかがポイント。このタイプの設問の場合、「死刑制度に賛成」か「反対」かは答案の評価にはまったく関わらない。感情や思い込みではない、**きちんと説得的な論拠があげられるかどうか**、その能力が試されている。

✘書くべき事柄✘

　まず、(a)賛成か反対かの立場を明確にする。どっちつかずの立場は不可。
　次に、(b)読み手（採点者）が「なるほどそういう理由か」と思えるような「論拠」を2つ挙げ、(c)自分の意見の反対の立場からの説得的な意見を想定して反論を加える。この(a)～(c)のいずれかが欠けたならば、設問の条件を満たした解答にはならない。

解答例①　（死刑制度に賛成）

死刑には犯罪の抑止効果があると考えられること、犯罪被害者の遺族の感情に配慮する観点から、死刑制度に賛成の立場をとる。死刑廃止は国際的な潮流だとする反対理由があるが、死刑を存置している国も少なくないし、日本では死刑に賛成する意見が多数派であることから、この意見には説得力がないと考える。(142字)

　☞ 犯罪抑止効果と遺族感情への配慮という理由をあげて賛成している。死刑に反対する意見への反論として死刑賛成派が多数であることをあげているが、「民主主義であれば国民の声にしたがうべきである」という論理展開もできるだろう。

解答例②　（死刑制度に反対）

死刑廃止条約が採択されているように世界的に死刑は廃止に向かっていることや、死刑執行後に再審で無罪となった場合にとりかえしがつかないことを理由に、死刑制度に反対である。死刑制度が必要だと考える人の理由に、死刑には犯罪を抑止する効果があるというものがあるが、その抑制効果は明確に証明されているわけではない。(151字)

　☞ 国際的な動きと誤判の場合の回復が不可能という理由をあげて反対している。国

際的な動きについては、実際に死刑を廃止している国が多くあることを理由にあげてもよいだろう。誤判については、免田事件など、死刑が確定した者が実際に再審で無罪になった例が複数あることをあげてもよいだろう。

残念答案例1

死刑制度には賛成である。その理由は、犯罪者はそのつぐないを当然しなければならないからであり、そして死刑は法律で認められているからである。死刑に反対する人は「人権」をやたらと重視する人のようだが、人権よりも社会全体の秩序のほうを重んじるべきだし、そもそも犯罪者の人権を認めることが誤りである。(145字)

☞ 理由として「つぐない」をあげているが、「死刑に賛成か反対か」ということは、「犯罪へのつぐないとして死刑が適当かどうか」ということでもあるのだから、「つぐないが必要」では賛否の適切な論拠とはいえない。また、「法律で認められている」ことを理由にしているが、その法律の規定自体、つまり死刑制度そのものの賛否を問題にしているのだから、これも論拠にはならない。次に、反対の立場からの論拠として「人権を重視する人ばかり」としているが、これは論拠ではなく「どういう人が反対しているか」を書いているだけにすぎない。少なくとも「論拠」とするならば、「死刑になる人の人権が無視されているという理由で反対する意見があるが」という形にしなければならない。さらに、その反論に当たる部分も、そう考える理由が示されていない。

残念答案例2

死刑は人の命を奪ってしまうものなので廃止した方がよいと思うし、人の命を奪うというのは恐ろしいことであると思うので、死刑制度には反対である。賛成する人の意見には、被害者遺族がかわいそうだからというものが考えられるが、それならば被害者遺族自身が犯人に復讐できる制度にしたほうがよい。(139字)

☞ 「人の命を奪」うというのは「死刑」を言い換えているだけなので、冒頭は「死刑は廃止した方がよい」としか述べておらず理由が示されていない。また、死刑を「恐ろしいこと」としているのも、たんに自分の感情を述べているにすぎないので、他者を説得する論理とはいえない。次に、死刑制度に賛成する人の論拠として「遺族がかわいそう」とあるが、「かわいそう」という感情的な表現ではなく、「遺族の感情に配慮」(解答例2)のように記述する必要がある。また、それへの反論が、復讐を認めるべきという内容であって死刑賛成を否定するものではないので、死刑制度を廃止すべきだという立場を補強するものになっていない。

例題10　生存権　　　　　　　　　　　　　　　定義詳細型　★★☆

> 日本国憲法第25条（生存権）の法的性格に関するいわゆるプログラム規定説について、75字以内で説明しなさい。
>
> （西南学院大　改）

《設問のポイント》

基本事項である「プログラム規定説」の定義を示せばよい。簡潔に示すならば30字程度でも可能だが、それを指定字数である75字にふくらませなければならない。

✘書くべき事柄✘

(a) **プログラム規定説**とは……憲法の生存権の規定は、**国の政策上の方針（プログラム≒努力目標）を示したものにすぎない。**
　☞ この定義だけでは字数が大幅に不足。何を付け加えるか。

(b) プログラム規定ならば……国の方針にすぎないのだから、**国民一人ひとりに具体的な請求の権利を保障しているわけではない。**
　☞ 生存権の法的性格が争われた**朝日訴訟**を想起。一人の国民である原告に対して具体的な権利を付与しているわけではないと、最高裁判所は判断した。

⇒ (a)と(b)を並べて書くことで、字数も確保でき内容もきちんと説明できる。

解答例①

日本国憲法第25条の生存権の規定は、国政を運営する上での指針を示したものでしかなく、個々の国民に対して具体的権利を保障したものではないとする説。(71字)

　☞ 前半部分に(a)の論点を、後半部分に(b)の論点を、それぞれ盛り込んだ。この2点が記述できていればよい。「指針」は「方針」などでもよいだろう。冒頭の「日本国憲法第25条の」は、あえて記述しなくても差し支えないのだが、字数不足を補うために入れた。

解答例②

日本国憲法第25条は、国民の生存を確保すべき政治的・道義的責務を国に課したものにすぎず、直接に個々の国民の法的な権利を認めたものではないとする説。(72字)

　☞ 構成は解答例1と同じだが、表現を専門的にした。ただし、論点がきちんと説明できればよいので、無理に「専門書レベル」で記さなくてもよいだろう。

例題11　新しい人権　　　　　　　　　　　　　　　定義詳細型　★★☆

> なぜ、新しい人権が主張されるようになったのか、100字以内で説明しなさい。
> 　　　　　　　　　　　　　　　　　　　　　　　　　（高崎経済大）

《設問のポイント》
「新しい人権」が登場した理由を説明する問題。新しい人権にどのようなものがあるかの例を列挙したり、その憲法上の根拠条文を示す設問ではない。

✘書くべき事柄✘
新しい人権……憲法には明文では規定されていないが、人権の一つとして新たに主張されるようになったもの。
- ☞ 日本国憲法が制定されたのは、第二次世界大戦の敗戦直後の1946年のこと。時代状況はその当時と大きく変化してきている（**憲法制定時に予想できなかった問題も生じるようになった**）。
- ⇒ こうした、新たな時代状況の中で登場するようになったのが、新しい人権。

解答例①
社会が大きく変化するのに伴い、それまでにはなかった権利侵害が生じるようになった。そのため、憲法が制定された当初には想定していなかった権利として、いわゆる新しい人権の保障が求められるようになった。(97字)

解答例②
経済成長のひずみとして公害が深刻化したり、情報化の進展が個人情報漏洩のリスクを高めるなど、社会の変化は新たな問題をもたらしてきた。こうした問題に対応すべく、新しい人権の確立が主張されるようになった。(99字)
- ☞ 環境権とプライバシーの権利を念頭に置いた具体例を盛り込んだ例。ただし、具体例の列挙ではなく、あくまでも「なぜ新しい人権が主張されたのか」という理由を、「新たな問題……に対応」するためとして、きちんと説明している。

残念答案例
良好な環境を求める環境権や、国などに情報の公開を求める知る権利、自分についての情報を自分で管理するという意味でのプライバシーの権利など、人権についての新たな主張が登場するようになったため。(94字)
- ☞ 「人権についての新たな主張が登場するようになった」その理由を説明することが求められているのに、肝心のその理由について一言も触れていない。

練習問題1　民主政治の基本原理・日本国憲法の基本原理

問1　福祉国家に対し、夜警国家という概念がある。夜警国家とは、国家の役割の範囲をどのように考えるものか。20字以内で説明しなさい。

(関東学院大)

問2　「レッセ・フェール」の考え方を、句読点を含む30字以内で説明しなさい。

(学習院大)

問3　ロックの著作『統治論二篇』の第一篇は、先行するある思想家の政治思想に対する批判を目的としていた。ロックが批判した政治思想家をあげ、その政治思想の具体的内容を50字以内で説明しなさい（句読点も1字に数える）。

(中央大　改)

問4　日本国憲法において、どのような点で、「法の支配」の観念があらわれているか述べよ。(200字以内)。

(東京学芸大)

問5　日本は1979年に国際人権規約を批准した。しかし、A規約については、一部留保した上での批准であった。批准した当時、日本が一部留保した三つの事項について、70字以内で説明しなさい。

(明治大)

問6　大日本帝国憲法下にあった制度で、日本国憲法下において平等に反するということで廃止された制度を二つあげ、それぞれについて簡単に内容を記せ。
〈20.5 cm×3行が2つ〉

(東京学芸大)

問7　「日本国憲法」を改正するためには、どのような手続きが必要か、90字以内で説明しなさい。

問8　日本国憲法の改正に関して、憲法の本質から考えて改正の限界について指摘されている。このことについて、どのような限界があると考えられるか、30字以内で説明しなさい（句読点も1字と数える）。

(中央大　改)

問9　個別的自衛権と集団的自衛権はどのように異なっているかを説明せよ。
〈19 cm×3行〉
(福井大)

問10　最高裁判所が初めて法律を違憲無効と宣言した判決は、平等違反を理由にしていた。その判決はどのような内容であったか。50字以内で記述せよ。
(早稲田大)

問11　いわゆるマスコミ機関に報道・取材の自由を保障する意義はどこにあるか。簡潔に説明せよ。〈14.5 cm×4行〉
(埼玉大)

問12　日本国憲法第89条は、政教分離原則を財政的側面から裏づけている。その内容を50字程度で述べよ。
(成城大　改)

問13　罪刑法定主義とはどのようなことを意味しているか。60字以内で答えなさい。
(中央大)

問14　犯罪と刑罰があらかじめ法律によって決められていない場合、その国の国民に、どのような影響があると考えられるか。3行以内で述べなさい。〈17.5 cm×3行〉
(青山学院大)

問15　プライバシーの権利とは何か。簡潔に説明せよ。〈14.5 cm×3行〉
(埼玉大)

第2章 日本の政治機構・現代政治の特質と課題

例題12　衆議院の優越　　　　　　　　　　　　知識組合せ型　★☆☆

> 議案は両院で可決されると成立するが、一定の場合には、衆議院の優越が認められている。法律案の場合における衆議院の優越について、具体的なしくみを説明しなさい。〈14.5 cm × 4 行〉
> （福井大）

《設問のポイント》

憲法上の制度をきちんと説明することが求められている。**「法律案の場合における」という限定がある**ので、その他の衆議院の優越（予算議決・条約承認・内閣総理大臣指名）については触れる必要はない。

✘書くべき事柄✘

法律案の議決の場合の**衆議院の優越**（憲法第59条の規定）
(a) 衆議院が可決した法律案を参議院が否決しても、衆議院が出席議員の**3分の2以上**で**再可決**すれば、法律案は成立する。
(b) 衆議院が可決した法律案を、参議院が**60日以内**に議決しない場合には、参議院がこれを否決したものとみなすことができる。→(a)の再可決を使うことができる。

解答例

衆議院で可決した法律案が、参議院で否決となった場合、あるいは参議院が国会休会中の期間を除いて60日以内に議決しなかった場合、衆議院で出席議員の3分の2以上の賛成で再可決すれば、法律案は成立する。（96字）

　☞「書くべき事柄」で示した(b)を抜かしてしまうと、おそらく字数が不足すると思われる。もし、自分なりの答案作成でこれを抜かしてしまい「字数が足りないぞ」と思った場合には、「何か書き抜かしがあるのではないか」と考えてみよう。そうすることで、いわゆる「60日ルール」について思い至ることができるだろう。

> この設問の「法律案の場合における」を、(ア)**予算の議決の場合における**、(イ)**条約承認の場合における**、(ウ)**内閣総理大臣の指名における**と置き換えて、それぞれ答案を作成してみよう。解答の骨格は上に示した解答例をもとにし、内容については(ア)と(イ)は憲法第60条の、(ウ)は憲法第67条の規定を、それぞれ参照して確認しよう。

例題 13　衆議院の解散　　　知識推論型　★★☆

> 憲法69条による解散以外に憲法7条による解散を認める必要があるのはなぜか。40字程度で答えなさい。
>
> （中央大）

《設問のポイント》
いわゆる「69条解散」と「7条解散」の違いを押さえていることを前提に、7条解散が行われる**理由**を解答する。それぞれの解散の違いを説明するのではない。

✕書くべき事柄✕
衆議院が解散され総選挙となれば、国民は選挙によって意思を表明できる。
- (a) **69条解散**……衆議院による**内閣不信任決議を受けて**衆議院が解散される。
- (b) **7条解散**……**内閣の独自の判断**によって衆議院を解散する。
　　　　→内閣が必要に応じて国民の信（民意）を問うことができる。

> 憲法第7条には天皇の国事行為が列挙されているが、その一つに「衆議院を解散すること」がある。内閣がこの行為について助言と承認を与えることで、7条解散は行われる。

⇒　7条解散も、**総選挙という形で民意を問うことができる**。ならば、内閣が民意を問いたい場合には7条解散をすればよいことになる。

解答例①
総選挙後に新たな重要争点が生じた場合に、国民の意思を問えるようにするため。(37字)

解答例②
内閣が国民の意思を問いたい場合に、内閣独自の判断で解散できるようにするため。(38字)

例題14　司法権の独立　　　　　　　　　　　　　簡潔簡潔型　★★☆

(1) 司法権の独立について、1行程度で説明せよ。〈16cm×1行〉　　（松山大）
(2) 司法権の独立性の高さを示す裁判所の権限の名称と、その権限の内容を述べなさい。〈18cm×4行〉　　（福井大）

《設問のポイント》

(1)は単純な知識問題だが、1行というかなり少ない分量しか与えられていないので、**要点だけを簡潔に記す**ことがポイントとなる。

(2)は「裁判所の権限」とあるので、裁判所が独自に（つまり他の国家機関から独立して）行使することのできる権限を思い起こそう。

✘書くべき事柄✘

(1) 司法権の独立＝他の国家機関など外部からの**干渉を受けない**。
(2) 裁判所がもつ権限の例
- **規則制定権**：最高裁判所は、訴訟手続や裁判所の内部規律などについての規則を**独自に定める**ことができる。
- **違憲審査権**：国会の立法や行政の行為などについての**憲法判断を独自に示す**。

(1)

解答例①
裁判所と裁判官が他の政治的権力から干渉を受けないことをいう。(30字)

解答例②
公正な裁判のため、他の政治的権力からの裁判干渉が排除されること。(32字)

解答例③
他の権力から圧力を受けずに独立して裁判を行うことを意味する。(30字)

(2)

解答例①
最高裁判所の規則制定権をあげることができる。これは、訴訟に関する手続きや裁判所の内部規律、裁判関係の事務などについて、立法府や行政府が干渉することなく、最高裁判所が独自に規則を定める権限である。(97字)

解答例②
違憲審査権をあげることができる。違憲審査権は、裁判所が一切の法律、命令、規則または処分が憲法に適合するかしないかを独自に審査・判断し、他の国家機関を牽制する権限である。(84字)

例題15　陪審制と裁判員制度　　　知識組合せ型　★★☆

> 陪審制とどのように違うのかを明らかにしながら、裁判員制度を100字以内で説明しなさい。
>
> （高崎経済大）

《設問のポイント》

陪審制と裁判員制度が「どのように違うのかを明らかに」することが必要。**両者の違う点を対比的に**（たとえば「陪審制は……なのに対し、裁判員制度は……」といった枠組みで）**記す**と、その点をはっきりと示すことができるだろう。

✕書くべき事柄✕

- **陪審制**………陪審員は**事実認定（有罪か無罪かの判断）にのみ関わる**。裁判官は量刑（刑罰を決めること）にのみ関わる。
- **裁判員制度**…裁判員と裁判官がともに、**事実認定と量刑の両方に関わる**。

	事実認定	量刑
陪審制	陪審員のみ	職業裁判官のみ
裁判員制度	裁判員と職業裁判官が合議	裁判員と職業裁判官が合議

解答例①

陪審制では、事実認定は一般市民から選ばれた陪審員だけで行われ、また陪審員はこの事実認定にのみ関わる。それに対し裁判員制度では、一般市民から選ばれた裁判員が、事実認定と量刑の両方に裁判官とともに関わる。（100字）

☞「陪審制は……。それに対して裁判員制度では……」として、両者を対比させている。

解答例②

一般市民から選ばれた陪審員は有罪・無罪の判断のみに関わる陪審制とは異なり、裁判員制度は、一般市民から選ばれた裁判員が職業裁判官との合議で、裁判の有罪・無罪の判断のみならず量刑にも関わる制度である。（98字）

☞「陪審員は事実認定のみ」と対比する形で「事実認定のみならず量刑にも」と説明している。

例題16　地方自治の本旨　　　　　　　　　　　　　簡潔定義型　★☆☆

「地方自治の本旨」は、通常二つの原理からなるとされている。この二つの原理の名称を述べ、それぞれの内容を簡単に説明しなさい。〈名称5cm、内容11.5cmが2つ〉
　　　　　　　　　　　　　　　　　　　　　　　　　　　　　　　（福井大）

《設問のポイント》
基本事項である知識を単純に示すだけであるが、それぞれの最も特徴的な点を、1行という限られた字数の範囲内で明確に示さないと、「二つの原理」が同じ内容になりかねないので注意したい。

✘書くべき事柄✘
住民自治：その地域の**住民の意思にしたがって**地方政治が運営される。
団体自治：国などから相対的に**独立した団体によって**地方政治が運営される。

解答例①
住民自治。地方行政を住民の意思に基づいて処理するという考え。
団体自治。地方行政を中央政府から独立して行うという考え。

解答例②
住民自治。地方自治体の運営は住民の意思に基づくという原理。
団体自治。地方自治体は国から独立して政治を行うという原理。
　☞　解答欄が狭いので、かなり圧縮して記した。例えば2つの解答例とも、団体自治では「相対的に独立」と表現したいところだが、字数の関係より省いた。

残念答案例
住民自治。地方自治は、国ではなく住民主体の地方自治体が中心となるというもの。
団体自治。地方自治は、住民が主体となった団体によって担われるということ。
　☞　「住民自治」の説明に「住民主体」とあるし、「団体自治」の説明に「団体によって」とあることから、完全な間違いというわけではない。しかし、両方の説明に同じように「住民」そして「団体（地方自治体）」が登場しており、**実質的に両方とも同じことが書かれている**。採点者からすれば、二つの原理の違いが理解できていないと判断せざるを得ないだろう。「住民自治」では「住民の意思」を全面に打ち出し、「団体自治」では「独立した団体」という内容を全面に打ち出したい。

例題17　住民投票　　　　　　　　　　　　知識推論型　★☆☆

> 住民投票条例に基づく住民投票を実施することには、長所と短所があるといわれている。このうち、その短所を40字以内で記述せよ。
>
> （早稲田大）

《設問のポイント》

さまざまな論点が考えられるだろうが、字数の制約があるので1つに絞って述べた方がよいだろう。いくつもの論点を盛り込もうとすると、単語を列挙するようになってしまうからである。

❌書くべき事柄❌

住民投票の長所と短所を対比して考えてみる。

長　　所	短　　所
住民の判断を反映できる	**議会や首長の判断と矛盾**する場合がある
住民の賛否の立場が明確になる	単純な賛否だけしか表明できず**議論**というプロセスがないがしろにされる
住民の直接の意思が示される	感情的な結果に終わってしまい理性的な判断や**全体的な政策的配慮が欠ける**

解答例①

理性的で熟慮された討論を経ないでその時々のムードで結果が決まるおそれがある。(38字)

解答例②

投票結果と首長や議会の意思が不一致だと、選挙で示された民意と矛盾し混乱が生じる。(40字)

解答例③

争点が二者択一の形で単純化され、それ以外の政策を考慮することができない。(36字)

残念答案例

住民投票の結果に議会の意思が拘束されるので、議会の独立性がそこなわれる。(36字)

☞ 住民投票条例にもとづく住民投票の結果には、**法的拘束力はない**。制度上の事実に反しているので、これでは根本的に誤った答案となってしまう。

例題18　小選挙区制と比例代表制

知識組合せ型　★★☆

> 小選挙区制と比例代表制のそれぞれの特徴につき、長所と短所を対比させつつ、下の3つの語をすべて用いながら（語を用いる順序は任意）、150字以内で説明せよ。
>
> 　　多数派　　二大政党制　　死票
>
> （西南学院大）

《設問のポイント》

選挙制度の特徴比較そのものは、基本事項であろう。教科書や参考書などでも表にまとめられて対比されていることが多い。しかし、表や箇条書きではなく**文（文章）の形で対比的にまとめなければならない**。その際には、指定の用語を「どこで」使うかの判断も必要である。ただし逆にいえば、**指定用語から書くべき事柄を判断することもできる**ので、その意味ではヒントが示されているといえる。

書くべき事柄

小選挙区制と**比例代表制**との比較

	長　　所	短　　所
小選挙区制	大政党に有利なので**二大政党制**に結びつきやすく、政局が安定しやすい。	小政党に不利なので、**多数派**の意見ばかりが反映されがち。**死票**が多くなる。
比例代表制	小政党でも議席を得やすく、**少数派**の意見も議会に反映されやすい。**死票**が少なくなる。	小党分立になり政局が不安定になりがち。

> 赤字が指定用語なので、その説明で用語を使用すればよい。「少数派」自体は指定用語ではないが、これを「多数派ではない」と置き換えれば使うことができる。

解答例

小選挙区制には、二大政党制が登場しやすく政治の安定が期待できるという長所がある一方、死票が多くなり小政党の意見が反映されにくいという短所がある。比例代表制には、死票が少なく、多数派ではない小政党の意見も議会に反映しやすくなるという点に長所がある一方、政治が不安定になりやすいという点に短所がある。（148字）

例題19　一票の格差　　　　　　　　　　　　　定義詳細型　★★★

「一票の格差」について、200字以内でわかりやすく説明しなさい。
（信州大）

《設問のポイント》

「わかりやすく」とあるが、構える必要はない。そもそも、「わかりにくく論述する」こと自体がありえないからである。下手に「小学生向けニュース解説」のように書こうとしない方が得策だろう。字数にはかなり余裕があるので、**字数が不足した場合には、格差が生じた理由や最高裁判所の判例などを加筆するのも良いだろう。**

✘書くべき事柄✘

「一票の格差」とは＝有権者の投じる**一票の価値に選挙区によって差があること。**
　→差が生じる要因：選挙区の有権者の数と議員定数との不均衡があるため。
　　　　　　　　　　人口増減に見合った**定数是正**が行われなかったことが、格差の拡大した要因。
　　最高裁の判例：衆議院議員選挙について、**違憲判決**が下されたことがある。

解答例①

「一票の格差」とは、選挙区ごとの有権者数と議員定数の配分との比率に不均衡があり、選挙人の投票価値に不平等が存在する状態をさす。日本国憲法は選挙人の投票価値の平等を保障しているという考えに立てば、「一票の格差」に著しい不平等をもたらしている議員定数の配分は憲法違反となると考えられる。実際、最高裁判所は過去に衆議院議員定数の不均衡が著しいことについて、憲法違反であると判断したことがある。（193字）
　☞一票の格差の問題点と最高裁判例を補充している例。

解答例②

「一票の格差」とは、選挙区間の議員定数と有権者数とのバランスがとれず、選挙区間で投票者の一票の価値に大きな開きがあることをいう。一票の価値に格差があれば、政治へ関与できる度合いに格差があるということなので、法の下の平等や国民主権の観点から大きな問題となる。「一票の格差」が生じた原因には、都市への人口集中や地方の過疎化のような人口増減に見合った議員定数の是正が十分に行われてこなかったことがある。（198字）
　☞格差の発生の要因を補充している例。

例題20　行政委員会　　　　　　　　　　　知識組合せ型　★★★

> 程度の違いはあれ内閣から独立して活動している行政機関として行政委員会といわれるものがある。この行政委員会が設けられている理由とその特徴について、下の３つの語をすべて用いながら（語を用いる順序は任意）、150字以内で説明せよ。
>
> 　　中立性　　　準立法的作用　　　準司法的作用
>
> （西南学院大）

《設問のポイント》

指定用語にある「準立法的作用」「準司法的作用」をどう使うのかが難しいだろう。行政委員会が設置されている「理由」とともに「特徴」を示すことが求められているが、その「特徴」について「立法権に準じる作用をもつ」「司法権に準じる作用をもつ」として使うことを思いつくかどうかがポイント。

✘書くべき事柄✘

行政委員会……内閣（首長）から**相対的に独立**した合議制の行政機関

設置される理由
- (a)**政治的中立**を必要とする（例：国家公安委員会）
- (b)**専門知識**を必要とする（例：公害等調整委員会）
- (c)**利害調整**を必要とする（例：労働委員会）

持つ権限
- **準立法的作用**：規則の制定
- **準司法的作用**：裁決・審判などの実施

解答例①

行政委員会を設置する理由は、行政の民主化や行政運営の合理化を図ることや、専門的・技術的な問題に対応することがある。行政委員会の特徴として、政治的に<u>中立性</u>が要求される分野、あるいは専門的・技術的な分野に関して、規則を制定する<u>準立法的作用</u>や、審判を行うなどの<u>準司法的作用</u>の権限を有する点があげられる。（148字）

解答例②

行政委員会は、政治的な立場に左右されることが適当ではない分野において、<u>中立性</u>をもった立場で行政が運営されるようにすることを一つの目的に設置されているものである。行政委員会には、労働委員会が不当労働行為の審査を行うように<u>準司法的作用</u>や、担当する分野についての規則を制定するなどの<u>準立法的作用</u>がある。（148字）

☞ 労働委員会という具体例を入れることで字数を確保した。

練習問題2　日本の政治機構・現代政治の特質と課題

問16　「衆議院の優越」に関して、予算についての議決と内閣総理大臣の指名の議決とを比較しつつ、下の3つの語をすべて用いて（語を用いる順序は任意）、150字以内で説明せよ。

　　　先議権　　　10日　　　両院協議会

（西南学院大）

問17　首相のリーダーシップを強化するため、以前から、国民が選挙で直接首相を選ぶ「首相公選制」を主張する意見がある。この首相公選制にはデメリットも指摘されているが、どのようなデメリットがあると考えられるか、30字以内で述べなさい。

（中央大）

問18　最高裁判所裁判官の国民審査の仕組みと意義を下の3つの語をすべて用いながら（語を用いる順序は任意）、150字以内で説明せよ。

　　　過半数　　　衆議院議員総選挙　　　罷免

（西南学院大）

問19　違憲審査の権限は、「統治行為」には及ばないと判断された裁判例もある。「統治行為」とは何かについて、40字以内で説明しなさい。

（明治大）

問20　アメリカの違憲立法（法令）審査制度がドイツの違憲立法（法令）審査制度と異なる点について、70字以内で説明しなさい。

（明治大）

問21　「地方自治は民主主義の学校である」とはどういう意味か。〈20 cm × 2 行〉

（広島修道大）

問22　日本国憲法が定める「住民投票」について、30字以内で説明しなさい（句読点も1字と数える）。

（中央大）

問23　名望家政党とはどのような政党かを記しなさい。〈16 cm × 1 行〉

（中央大）

問24 連立政権を単独政権と比べたとき、その長所と短所についてそれぞれ述べなさい。〈15 cm×1行が1つずつ〉

(中央大)

問25 「公務員の天下り」に関して、その内容と問題点について、下の3つの語句をすべて用いながら（語句を用いる順序は任意）、150字以内で説明せよ。
　　　再就職　　　族議員　　　政官業の癒着

(西南学院大)

第3章 現代の国際政治・国際社会の諸課題

例題21　集団安全保障　　　　　定義詳細型　★★☆

> 国連憲章第7章は、集団安全保障について定めている。この国連における集団安全保障のしくみについて、200字以内で説明しなさい。　　　（岡山大）

《設問のポイント》

「集団安全保障とは」という定義を説明することが第一だが、字数が200字以内と比較的多いので、それだけでは不足するだろう。設問には「国連における」とあるので、**国連の憲章上の規定や実際の活動について触れて字数を確保**しよう。

✘書くべき事柄✘

集団安全保障………(a)敵対する国も含めて**国際機構を創設**し、(b)互いに**武力の不行使を約束**し、(c)違反国に対しては**加盟国全体で制裁**を加える。

国連憲章の規定……**安全保障理事会**は、平和の破壊・侵略行為に対して、**非軍事的措置（たとえば経済制裁）や軍事的強制行動を勧告・決定**できる。

解答例①

集団安全保障とは、対立する国々も含めた国際的平和機構を創設して、互いに武力行使をしないことを条約などで定め、これに違反して武力行使をした国に対しては加盟国が共同して制裁を加えることで、国際的な安全を維持しようとする仕組みのことである。国連は、この仕組みのもと、違法な武力行使をした国に対して、経済制裁などの非軍事的措置や軍事的強制行動を実施することで平和の回復を図ろうとする。(189字)

☞ 集団安全保障の定義部分に（冗長なようだが）多くの字数をあてた例。

解答例②

集団安全保障は、国際機構の加盟国間の対立を戦争によって解決することを禁止し、これに違反して平和を破壊する国に対しては、加盟国が共同して制裁を加えることで平和を回復しようとするものである。国連憲章第7章は、安全保障理事会に対して、平和破壊国に対する制裁として、経済関係や運輸通信手段を中断したり、外交関係を断絶する非軍事的強制措置をとったり、軍隊を用いた軍事的強制措置を決定する権限を与えている。(197字)

☞「運輸通信手段を中断」「外交関係を断絶」と、制裁の例を具体的に記した。

例題22　国際裁判　　　　　　　　　　　　　　　知識組合せ型　★☆☆

> 国際刑事裁判所に関して、どのような事件を裁くために設置されたのかについて、国際司法裁判所の場合と比較して説明せよ。〈19 cm×3行〉
>
> （東京学芸大）

《設問のポイント》

第一に「どのような事件を裁くため」かを述べる必要がある。わざわざ指示されているのだから、**具体的に記す**ほうが望ましいし、「分かっていますよ」という採点者へのアピールにもなる。第二に「国際司法裁判所の場合と比較」することが求められているので、「どのような事件」という観点からの違いを明示する。

✘書くべき事柄✘

(a)「どのような事件を裁く」
→　設立条約によって、**集団殺害犯罪**、**人道に対する犯罪**、**戦争犯罪**、**侵略犯罪**、という4つの犯罪に**扱う事件は限定**されている（侵略犯罪が実際に扱われるのは2017年以降の予定）。

(b)「国際司法裁判所の場合と比較」
　　国際司法裁判所：**国家間の紛争**のみを扱い、**国家のみが当事者**となる。
　　国際刑事裁判所：**個人の犯罪**を裁く（上記4犯罪に限定）。

解答例①

国際刑事裁判所は、集団殺害罪、人道に対する犯罪、戦争犯罪など個人の刑事責任を裁くために設置された。国際司法裁判所の当事者が国家なのに対し、個人の犯罪を扱う点が異なる。(83字)

解答例②

国際司法裁判所は国家間の紛争を扱い、個人の犯罪は対象としない。これに対し国際刑事裁判所は、戦争犯罪、集団殺害、人道に対する罪など個人の犯罪を裁く。(73字)

残念答案例

国際刑事裁判所は、個人の様々な罪を裁くために設置された国際裁判所である。国際司法裁判所は国際連合の主要機関だが、国際刑事裁判所はそうではない。(71字)

☞　「個人の様々な罪」というのは、けっして間違いではないが、具体的に書く方が望ましい。また、「どういった事件を裁くために」という指示なのだから、「主要機関の一つかそうでないか」という違いは、この指示から外れた論点である。

例題 23　PKOと国連軍　　　　　　　　　　　　　知識組合せ型　★★☆

> 国連の平和維持活動（PKO）は国連憲章に規定されている国連軍（UNF）の活動とどのような点が異なっているかを説明しなさい。〈18 cm×4 行〉
>
> （福井大）

《設問のポイント》

「どのような点が異なっているか」を説明することが求められているので、たとえば「PKOは……なのに対し、国連軍は……」のように、**対比をとって違いを明確に示す**ようにしたい。

書くべき事柄

	国連軍（UNF）	平和維持活動（PKO）
憲章上の位置づけ	国連憲章に**規定あり**	国連憲章に**明文規定なし**
設置	安全保障理事会と加盟国との間の**特別協定**に基づく	加盟国が自発的に提供
任務・原則	平和破壊国に対する**制裁**（軍事的強制措置を担う）	紛争の拡大防止や監視活動　受入国の**同意**に基づき**中立**の立場で活動が原則

解答例

ＰＫＯは、国連憲章に明文の規定をもたず、紛争の拡大防止などを目的に、受入国の同意に基づき、中立の立場で活動する。ＵＮＦは、国連憲章に明文の規定があり、安全保障理事会と加盟国との特別協定に基づいて結成され、軍事的強制措置を実行する。（115字）

残念答案例

国連軍は、朝鮮戦争の際に結成されたことがあるもので、軍事行動を実施する組織である。これに対し平和維持活動は、国連がさまざまな手法を通じて平和を維持しようとする活動である。（85字）

☞ 苦し紛れの答案でよくあるパターン。「軍」だから「軍事行動を実施」、「平和維持活動」だから「平和を維持しようとする活動」としているのだが、とくに後者は**ただ言い換えているだけで何も説明していない**。また、この設問では「国連憲章に規定されている国連軍」とあるが、朝鮮戦争の際の「（朝鮮）国連軍」は、**憲章が規定するものとは異なる別組織**であり、正規の国連軍はこれまで一度も結成されたことがないので、この点も誤り。

例題 24　武力紛争の数と PKO の活動数の推移　　データ分析型　★★★

　下のグラフは、1948年から2010年までの国際社会における武力紛争の数と国際連合（国連）の平和維持活動（PKO）の活動数の推移を表している。このグラフを見て、下の設問に答えなさい。

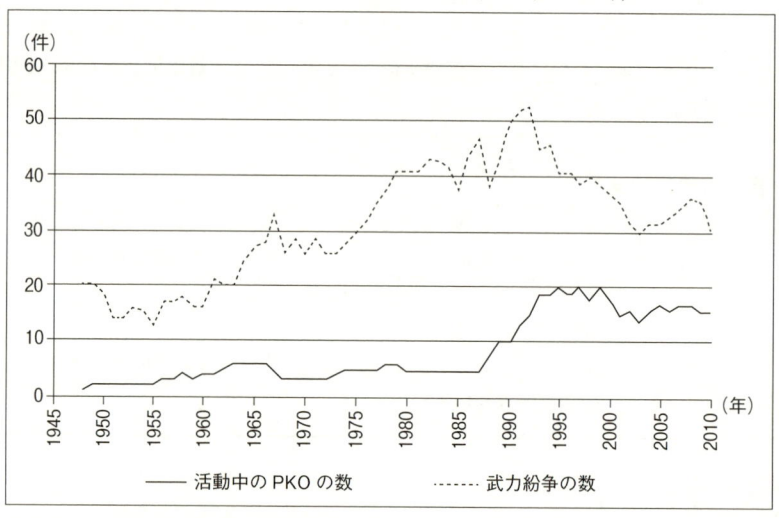

武力紛争の数と国連 PKO の活動数の推移（1948年—2010年）*

（実線：活動中の PKO の数　　点線：武力紛争の数）

＊武力紛争には、国家間武力紛争と国内武力紛争の双方を含む。
出所：UCDP/PRIO Armed Conflict Dataset（http://www.pcr.uu.se/）及び国際連合平和維持活動ウェブサイト（http://www.un.org/en/peacekeeping/）の資料より作成。

問1　冷戦終了前と後で、国際社会における武力紛争の数と活動中の国連 PKO の数がどのように変化したか、述べなさい。また、グラフから読み取れる両者の関係の傾向についても述べなさい。（200字以内）

問2　国連 PKO について、問1の答えのような変化が生じた1つの契機は、1992年に国連事務総長が発表した報告書であった。この事務総長の名前と報告書の題名、要旨、そしてこのような報告書が出された背景にある要因を述べなさい。（200字以内）

（一橋大）

《設問のポイント》

問1　「グラフから読み取れる」という指示があるように、グラフをもとに考察する能力が試されている。グラフを無視した一般論を記したのでは、出題の意図に外れており評価されない。

問2　事実についての知識が試されている。

✗書くべき事柄✗

問1　武力紛争の数………冷戦終結直後は**増加傾向**。しかし、その後には**減少傾向**。
　　　国連PKOの数……冷戦終結後に**増加**。その後は、冷戦期ほどの数までは減少していないものの、2000年前後に若干の**減少傾向**を示す。
　　　両者の関係…………**冷戦終結後に増加は共通**。減少傾向がその後に見られる点も共通。これに対し、冷戦期は武力紛争の数の増減があっても、国連PKOの数は少ないままの横ばい。
　　　⇒　以上の3つが設問で述べることを求められている点なので、これらを順次まとめればよい。

問2　ガリ「平和への課題」…冷戦終結後のPKOのあり方に影響を与えた。
　　　→　冷戦崩壊に伴い、平和維持についての国連への期待が高まった時期に出されたもの。

問1

解答例

武力紛争の数は、冷戦終結期までは増加傾向にあり、冷戦終了後にも増加傾向にあったが、その後に減少傾向へと転じていったことが読みとれる。同様にPKOの数を比べると、冷戦終了前には10件未満を推移していたのに対し、冷戦終了後には10件を上回る数で推移していることがわかる。冷戦終了前には紛争が増えてもPKOの数は増えない傾向が、終了後は紛争の増減に伴いPKOの数も増減する傾向が、それぞれ読みとれる。(195字)

☞　グラフには具体的なデータがせっかく示されているのだから、それを活用して「10件未満」のように具体的に示すことで、より分かりやすく説得力のある論述となる。

残念答案例

冷戦の終結に伴って、米ソ両大国の対立の影に隠れていた対立が顕在化したことから、冷戦終結後には武力紛争は増加した。しかし、そうした紛争が徐々に解決したことで、紛争はその後には減少した。PKOの数は、冷戦終結をきっかけに増加した。米ソ対立がなくなったことで両国の拒否権行使が少なくなったことが背景にある。このように、武力紛争やPKOの数の変化には、冷戦とその終結が大きな影響を与えたといえる。(194字)

☞　武力紛争の数とPKOの数については言及しているが、設問で要求されている「**グラフから読みとれる両者の関係の傾向**」については述べていないので、答案としてそもそも不十分である。また、たんに「増えた」「減った」とあるだけで、**グラフを前提にしている**答案であることがアピールされておらず、「冷戦終結後には地域

紛争が増加した」「PKOが役割を増した」という一般的な知識を並べ立てているだけのものにとどまっている。わざわざグラフを掲げて分析を求めている設問なのだから、きちんとグラフを踏まえて分析をし、かつ（合格を勝ち取るための入試答案なのだから）設問の趣旨に応えているものであることをアピールすべきである。言い方を代えれば、この答案では、採点者に「グラフを分析したのではなくたんに一般的な知識を書いただけだな」と評されてしまう可能性がある。

問2

解答例

当時の事務総長の名前はガリであり、報告書の題名は『平和への課題』である。同報告書の要旨は、予防外交、平和創造、平和維持、紛争後の平和構築という四つの平和概念を提唱している点にある。同報告書が出された背景は、冷戦時代、東西対立に起因する安全保障理事会の機能不全により限定的な役割しか果たし得なかった国連に対して、冷戦終了をきっかけに、より積極的かつ広範な機能を果たすことへの期待が高まったことにある。（199字）

☞ 名前と題名、要旨、背景という、設問で求められている事柄すべてについて解答している。

残念答案例

ブートロス・ガリ事務総長による報告書『平和への課題』である。この報告書では、たとえば停戦合意が守られない場合などには現地武装勢力に平和強制部隊が武力行使を行うなどして平和を回復することが主張された。実際にも、国連第二次ソマリア活動では、PKO部隊に自衛の範囲を超える武力行使が容認され、強制活動が展開された。しかし、紛争を拡大させ失敗に終わってしまったことから、この構想は結局は断念された。（195字）

☞ 問われている事柄のうち、「事務総長の名前と報告書の題名」は適切である。だが、「報告書…要旨」については、適切さに欠ける。たしかに、平和強制部隊の構想が示されていることは間違いないので誤りではないが（解答例でいう「平和創造」の一つ）、**報告書の部分的な指摘にとどまってしまっている**ので、弱さが残る。そして、致命的なのは、最後の設問の要求である「**報告書が出された背景にある要因**」に触れていないことである。あくまでも「出された背景」を述べなければならず、「報告書の構想がその後どうなったか」は問われていない。

練習問題3　現代の国際政治・国際社会の諸課題

問26 国連安全保障理事会において既存の常任理事国が持つ拒否権とは何かを、句読点を含めて20字以内で説明しなさい。

(学習院大)

問27 国際連合の安全保障理事会の表決手続を説明しなさい。〈15 cm×3行〉

(中央大)

問28 「平和のための結集」決議の内容について、下の3つの語をすべて用いて（語を用いる順序は任意）、150字以内で説明せよ。

　　　集団的措置　　　常任理事国　　　緊急特別総会

(西南学院大)

問29 国連平和維持活動（PKO）の特徴について、200字以内で説明しなさい。

(岡山大)

問30 核拡散防止条約とはどのような条約か、その内容を60字以内で説明しなさい。

(中央大　改)

第4章 現代経済のしくみ

例題25　市場メカニズム　　　　　　　　　知識推論型　★☆☆

企業による競争の結果、価格が下落する市場メカニズムについて説明せよ。解答にあたっては、解答用紙の該当欄に、図で需要曲線と供給曲線を描き、またそれらの変化などを示しながら説明すること。〈18.5 cm × 8 行〉

価格↑

O　　　　〔図による説明欄〕　　　数量→

(東京学芸大)

《設問のポイント》

企業による競争の結果、**需要曲線**と**供給曲線**がどのように変化し、**価格がどのように変化するのか**を、図示しながら順番に説明していけばよい。ある財市場において、企業による競争が活発になる要因の一つに、**ライバル企業（新規参入企業）の増加**を挙げることができる。ライバル企業が増加すれば、この財市場における**供給量は増加する**ことになる。この変化を需要曲線と供給曲線を用いたグラフ中で表す場合、**供給曲線の右（下）方向への移動（シフト）**として描くことになる。

✘書くべき事柄✘

(a) **図中で供給曲線の移動と均衡価格の下落を適切に示す。**

解答欄に用意された図に需要曲線と供給曲線を書き込む。そして、供給曲線を右（下）方向に移動（シフト）させることによって、均衡価格が低下することを示さなければならない。DやS、PやQといった記号を用いることで、より理想的な答案に近づくことができるだろう。

(b) **図中での変化を順番に説明する。**

　企業による競争の結果、供給曲線がどちらの方向に移動するか、そしてその影響から均衡価格がどのように変化するかを、順番に説明していくことが必要である。ここでも、DやS、PやQといった記号を用いた説明を行うことが望ましい。

解答例

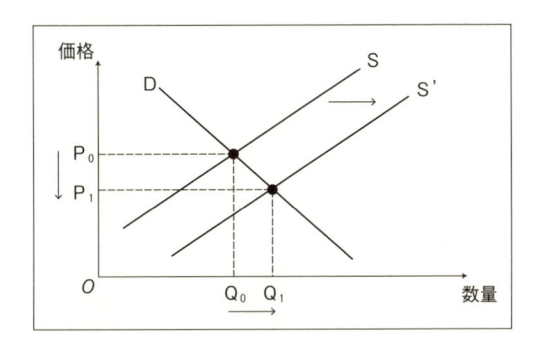

ある財の市場における需要曲線Dと供給曲線Sが図のように示され、当初、均衡価格がP_0、均衡取引量がQ_0であったものとする。企業による競争が活発になる場合、例えばライバル企業が増加したときには、この財を生産・販売するライバル企業が増加し、市場における供給量の増加につながる。このことから、供給曲線Sが供給曲線S'へと移動し、その結果、均衡価格はP_1へと下落し、均衡取引量はQ_1へと増加することになる。（193字）

残念答案例

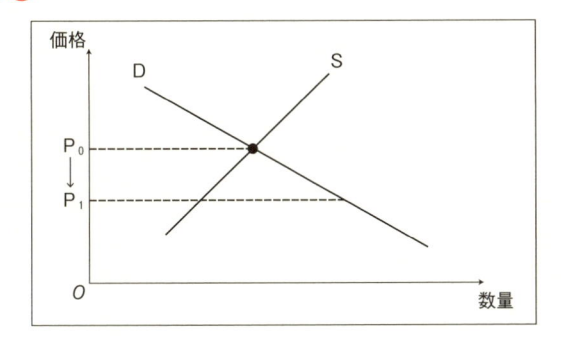

企業が価格の引下げ競争が相次ぐことにより、グラフのように価格はP_0からP_1へと下落することになる。（47字）

　☞ 解答欄が8行である場合に、2行程度の短い文章の答案では字数不足とみなされ、

採点対象外になることが考えられる。また、この答案例では、「価格が下落する」という結論が述べられているにすぎず、設問で求められている「市場メカニズム」についての説明に欠けている。作成された図を見ると、価格が P_0 から P_1 へと下落したように示されている。しかし、価格 P_1 においては需要超過（需要量＞供給量）が発生しているのだから、市場メカニズム（価格の自動調節機能）に照らして考えると、このあと、価格 P_1 は P_0 へと向かって上昇していくと考えられる。価格が下落するメカニズムについては、供給量の増加（供給曲線の右シフト）や供給超過という切り口から説明することが必要だろう。

漢字ドリル㉛

アメリカや西欧諸国は、北タイセイヨウ条約機構を設立した。

〈解答〉**大西洋**
×太西洋

漢字ドリル㉜

1929年に発生した世界キョウコウは、その後の資本主義のあり方を変えるものとなった。

〈解答〉**恐慌**
×恐荒

漢字ドリル㉝

プラザ合意にもとづいて、ドル高是正のためのキョウチョウカイニュウが実施された。

〈解答〉**協調介入**
×共調介入

漢字ドリル㉞

衆議院議員総選挙において、比例名簿で同一順位の候補者の当選は、小選挙区でのセキハイ率で決まる。

〈解答〉**惜敗**
×借敗

例題26　公共財　　　　　　　　　　　　　定義詳細型　★★☆

公共財とはどのような特徴を持つ財のことか、具体例を挙げて説明しなさい（100字以内）。

（東京理科大）

《設問のポイント》
代表的な**公共財**の具体例を挙げつつ、**非排除性**や**非競合性**といった公共財の持つ性質を説明すればよい。

✗書くべき事柄✗
(a) **公共財の特徴を説明する。**
　［特徴1］**民間では供給しにくい財である**───公共財は、利潤を生みにくく、私企業（民間）による供給が困難で、政府が財政を通じて供給する財である。
　［特徴2］**非排除性**───公共財は、対価を支払わない人の利用を排除することが困難な財である。
　［特徴3］**非競合性**───公共財は、同時に多数の人が利用できるという性質を持つ財である。

> とくに［特徴2］と［特徴3］の二つが説明に含まれていることが理想。

(b) **公共財の具体例を挙げる。**
　一般道路や街路樹、公園、堤防など公共財の具体例を必ず一つは挙げること。なお、警察や消防などの公共サービスを公共財に数えることもあるから、公共サービスを挙げても構わない。

解答例①
公共財とは、河川の氾濫を防ぐ堤防のように、対価を支払わない人、いわゆるフリーライダーの利用を排除することが困難であり、多くの人が同様に利用することができるという特徴を持つ財のことである。(93字)
　☞ ［特徴2］と［特徴3］についての説明があり、具体例（堤防）も適切。

解答例②
公共財は、道路や公園など市場に任せては最適な供給が行われない財であり、多くの人が同時に消費できるという非競合性や、代金を支払わない人をその消費から排除することが難しいという非排除性を持つ。(94字)
　☞ ［特徴1］〜［特徴3］のいずれも説明されているうえに、具体例（道路や公園）も適切。

例題27　合同会社・合資会社・合名会社　　定義詳細型 ★★☆

合同会社、合資会社、合名会社の違いを「無限責任」、「有限責任」、「株式会社」の3つの言葉を用いて記述しなさい（100字以内）。

（東京理科大）

《設問のポイント》

それぞれの会社が、**無限責任**の出資者から成るのか、**有限責任**の出資者から成るのか、あるいはその両方から成るのか、を説明すればよい。また、「**株式会社**」という指定語句を使うタイミングにも工夫が要るだろう。

書くべき事柄

(a)　「無限責任」と「有限責任」という語句を用いて、出資者の違いを説明する。

合同会社、**合資会社**、**合名会社**の違いは、出資者の構成にある。そこを適切に説明することが必要である。

株式会社	有限責任の出資者（株主）
合同会社	有限責任の出資者
合資会社	有限責任の出資者と無限責任の出資者
合名会社	無限責任の出資者

有限責任とは、会社の債務に対して、出資額の範囲内で責任を負うことをいう。無限責任とは、会社の債務に対して、出資額を超える部分についても責任を負わなければならないことをいう。

(b)　「株式会社」という語句も忘れずに用いる。

この設問においては、「**株式会社**」という指定語句を解答に入れることが意外に難しい。株式会社について詳しく説明し過ぎると字数指定（100字）を超えてしまう。当たり障りなく「株式会社」という語句を用いることを心がけて答案を作成しよう。

例：「合同会社は株式会社と同じように、有限責任の出資者で構成される」など。

解答例

3つの会社は出資者の構成に違いがある。合同会社は<u>株式会社</u>と同様、<u>有限責任</u>の出資者から、合資会社は<u>無限責任</u>の出資者と<u>有限責任</u>の出資者の双方から、合名会社は<u>無限責任</u>の出資者から、それぞれ資金を調達する。(99字)

例題28　間接金融・直接金融　　　定義詳細型　★★☆

> 銀行などの金融機関を介した融資（企業や家計への資金提供）は間接金融と言われている。これに対して、直接金融とはどういう意味かを、100字以内で説明しなさい。
>
> （岡山大）

《設問のポイント》

直接金融の定義を示すことが求められているが、字数指定を考慮すると、具体例を用いて説明することが望ましいだろう。

✘書くべき事柄✘

(a) **直接金融とは何か、を説明する。**

　金融とは、資金が不足している経済主体と、資金に余裕がある経済主体との間で、資金を融通し合うことをいう。そして金融には、**内部金融**（内部留保など）と**外部金融**とがあり、このうち外部金融はさらに**直接金融**（株式・社債を発行して証券市場から資金を調達する形の金融）と**間接金融**（銀行から資金を借り入れる形の金融）とに分けることができる。

```
          ┌ 内部金融 ─→ 内部留保
          │              ┌ 直接金融 ─→ 株式の発行、社債の発行
          └ 外部金融 ─┤
                         └ 間接金融 ─→ 銀行からの借入れ
```

　この設問で問われている直接金融とは、資金に余裕がある者が株式市場や債券市場を通じて株式や社債を購入し、直接的に資金を企業に融通することをいう。

(b) **具体例として、株式や社債を挙げる。**

　直接金融の一般的定義を説明しただけでは、字数が不足する可能性が高い。そこで、"**株式や社債の発行と購入によって資金が融通される**"ということに触れるなど、ある程度の字数を稼ぐ必要があるだろう。

解答例

直接金融とは、余剰資金の所有者が企業などに資金を直接的に融通することをいう。具体的には、企業が株式や社債を発行し、余剰資金の所有者が証券市場を通じて株式や社債を購入することによって、資金が融通される。（100字）

　☞　一文目では直接金融の一般的定義を示し、二文目では株式や社債といった具体例を挙げた解答例となっている。間接金融と混同しないように注意しよう。

例題29　消費税の逆進性と所得税の累進性　　知識組合せ型　★★☆

「消費税の逆進性」に関し、所得税の累進性と比較しながら、その逆進性のもつ問題がどのようなものであるかを100字以内で述べなさい。

（東京理科大）

《設問のポイント》

消費税の逆進性に関して、「所得税の累進性と比較すること」と「問題点を挙げること」の2点について説明できるかどうかがポイントとなる。

✘書くべき事柄✘

(a) **消費税の逆進性と所得税の累進性とを比較する。**

「消費税の逆進性」と「所得税の累進性」について、それぞれ簡潔に説明することが望ましいだろう。

消費税の逆進性
所得が低くなるにつれて、税負担の比率が高くなる性質をいう。一般に、**消費税**は逆進性をもつため、低所得者の方が所得に占める税負担が重くなるとされる。

所得税の累進性
所得が増加するにつれて、課せられる税率が高くなる性質をいう。**所得税**は累進性に基づく課税制度（**累進課税制度**）が採用されているため、**所得再分配効果**をもつ。

(b) **両者の比較を通じて見えてくる、消費税の逆進性がもつ問題を指摘する。**

「所得税の累進性」と比べることによって見えてくる「消費税の逆進性」がもつ問題を挙げればよい（「所得税の累進性」には備わっているが、「消費税の逆進性」には欠けている特徴を説明すればよいだろう）。

＜問題点＞
所得再分配効果が期待できない
（所得格差を是正する効果が小さい）

解答例

消費税の逆進性とは、低所得者ほど所得における税負担の比率が高くなる性質のことをいい、高所得者ほど高率の税負担を求める所得税の累進性と比較すると、所得格差を是正する効果が小さいという点に問題がある。(98字)

147

| 例題30 | ビルト・イン・スタビライザー | 知識組合せ型 ★★☆ |

下の3つの語をすべて用いて（語を用いる順序は任意）、累進課税制度のもとで、自動安定化装置（ビルト・イン・スタビライザー）が景気の調整にどのようにはたらくかについて150字以内で説明せよ。

　　社会保障　　　　有効需要　　　　税負担　　　　　　　（西南学院大）

《設問のポイント》

設問文は、**自動安定化装置**（ビルト・イン・スタビライザー）について、「累進課税制度のもとで……どのようにはたらくか」を説明することを要求するとともに、指定語句として「社会保障」を挙げている。このことから、景気の自動安定化装置である「累進課税制度」と「社会保障制度（社会保障支出）」が、好況期あるいは不況期に、それぞれどのようにはたらくか、を説明しておくことが望ましいだろう。

✗書くべき事柄✗

(a) 好況期あるいは不況期に**累進課税制度**がどのようにはたらくかを説明する。
　・ここで指定語句「有効需要」「税負担」という2語を用いる。
　・**好況期の累進課税制度のはたらき**について、次の流れで書きたい。
　　　所得の増加 → 税負担の比率の上昇 → 有効需要の拡大（景気過熱）の抑制
　・**不況期の累進課税制度のはたらき**について、次の流れで書きたい。
　　　所得の減少 → 税負担の比率の低下 → 有効需要の落ち込み（景気悪化）の抑制

(b) 好況期あるいは不況期に**社会保障制度**がどのようにはたらくかを説明する。
　・ここで指定語句「社会保障」を用いる。
　・**好況期の社会保障制度のはたらき**について、次の流れで書きたい。
　　　雇用の増加（失業率の低下）→ 雇用保険や生活保護費の給付の抑制（社会保障
　　　支出の抑制）→ 有効需要の拡大（景気過熱）の抑制
　・**不況期の社会保障制度のはたらき**について、次の流れで書きたい。
　　　雇用の減少（失業率の上昇）→ 雇用保険や生活保護費の給付の拡大（社会保障
　　　支出の拡大）→ 有効需要の落ち込み（景気悪化）の抑制

解答例

好況期には、累進課税制度のもとで税負担の割合が大きくなるとともに、失業率の低下などから社会保障支出が抑制され、有効需要の増加や景気の過熱が抑制される。不況期には、累進課税制度のはたらきによって税負担の割合が小さくなるとともに、社会保障支出の拡大によって、有効需要の減少や景気の悪化を下支えする。(147字)

例題31　デフレーション　　　　　　　　　　　　　知識組合せ型　★★☆

> デフレーション（デフレ）とは、物価が持続的に下落することをいう。かりに、金融市場と財市場があり、外国との取引がなく、商品は1種類だけが貨幣を使って取り引きされると考えよう。このとき、何がデフレの原因となっているのか、またデフレはどのような弊害をもたらすのであろうか。100字以内で記せ。
>
> （早稲田大）

《設問のポイント》

デフレーション（デフレ）すなわち**物価の持続的下落**が「**なぜ起こるのか（原因）**」、そして、「**どのような弊害をもたらすか**」の2点について説明できるかどうかがポイントとなる。原因については**市場のメカニズム**、あるいは**通貨量との関わり**から説明することが望ましいだろう。また、弊害については**景気の悪化**、もしくは**貨幣価値の上昇に伴う債務者損失の発生**について説明すればよいだろう。

✘書くべき事柄✘

(a) **デフレの原因を説明する。**
- 市場のメカニズムから説明する場合、需要の縮小（供給超過の発生）によって財やサービスの価格（物価）が下がるということを説明すればよい。
- 通貨量との関わりから説明する場合、通貨量（通貨量残高やマネーストック、マネタリーベースといった語句を用いてもよい）が減少することで物価が下がるということを説明すればよい。

(b) **デフレの弊害を説明する。**
- 景気の悪化を弊害としてあげる場合、次の流れを書きたい。
  物価の下落→企業収益の悪化→企業の設備投資の縮小（労働者の賃金の低下）→有効需要の減少（投資需要・消費需要の減少）→景気の悪化
- 貨幣価値の上昇に伴う債務者損失を弊害としてあげることも可。
  → デフレ時には貨幣価値が上昇するため、銀行などから多額の資金を借りている企業などに債務者損失が生じる（借りている資金の実質的価値が上昇し、債務者による返済の負担が重くのしかかることになる）。

解答例

デフレの原因として、財市場における需要の縮小や金融市場における通貨量残高の減少が考えられる。デフレがもたらす弊害として、企業収益の悪化や労働者の賃金の低下、消費や投資の低迷をあげることができる。(97字)

☞ 前半で「原因」、後半で「弊害」を論じている。

練習問題4　現代経済のしくみ

問31　J.M.ケインズの理論にもとづく有効需要政策とはいかなるものか、簡潔に説明しなさい。〈20 cm×2行〉

（高崎経済大）

問32　「外部不経済」についての説明を、50字以内で記せ。

（早稲田大）

問33　企業の社会的責任（CSR）の一つであるメセナについて、25字以内で説明せよ。

問34　一般に金融商品がかかえるリスクとはどのようなものか、説明しなさい。〈18 cm×3行〉

（福井大）

問35　赤字（特例）国債と建設国債の違いを簡単に説明しなさい。〈17 cm×2行〉

（関東学院大）

問36　「財政の硬直化」の意味する内容を40字以内で説明しなさい（句読点も1字に数える）。

（中央大）

問37　賃金率の上昇が労働生産性の上昇を継続的に上回っているとき、その部門の物価はどのように変化すると考えられるか。100字以内で説明せよ。

（成城大　改）

第5章 日本経済の発展と諸課題・労働と社会保障

例題32　バブル経済　　　　　　　　　　　知識組合せ型　★★☆

> バブル経済の様相について、下の3つの語をすべて用いながら（語を用いる順序は任意）、150字以内で説明せよ。
>
> 　　円高不況　　　投機　　　高騰　　　　　　　　　　　　（西南学院大）

《設問のポイント》

バブル経済の様相を説明することが求められているが、「円高不況」という指定語句が含まれていることから、「なぜバブル経済が発生したのか（背景・原因）」についても説明すべきである。

✘書くべき事柄✘

(a) **バブル経済の様相を説明する。**

　バブル経済がどのような経済現象であるか、を説明しなければならない。ここで「投機」や「高騰」という指定語句を用いることができるだろう。

(b) **バブル経済が発生した背景を説明する。**

　「円高不況」という指定語句を用いて、バブル経済がどのようにして発生したか、を説明する必要がある。

> 例：円高不況への対応として採られた低金利政策が大量の余剰資金を生み、それらが土地・株への投機に流れたことから、地価・株価が高騰するバブル経済が発生した。

解答例①

バブル経済とは、資産価格の上昇がさらなる投機を生む経済現象をいう。バブル経済が発生した背景として、円高不況への対応として日本銀行が採用した低金利政策をあげることができる。当時の低金利政策が大量の余剰資金を生み、それらが土地や株式に流れ込んだことによって、地価や株価が高騰したと考えられる。(144字)

解答例②

G5によるプラザ合意を機に急速に円高が進み、日本経済は円高不況に見舞われた。円高不況への対応として日本銀行は低金利政策を採用したが、この低金利によって生まれた余剰資金が土地や株式への投機を生み、地価・株価の高騰を招くことになり、こうした資産価格の上昇がさらなる投機を生むバブル経済が発生した。(146字)

151

例題33　国内産業の空洞化　　　　　　　　　　　定義詳細型　★★☆

「国内産業の空洞化」について説明せよ。〈18 cm × 3 行〉　　　（宮崎大）

《設問のポイント》

国内産業の空洞化について"簡潔に説明せよ"という問題ならば、比較的容易に解答例を作成することができるだろう。しかし、解答欄のサイズが大きい場合、あるいは指定字数が多い場合には、背景や歴史、問題点など**密接に関連する事柄**を追加して説明しなければならない。

✘書くべき事柄✘

(a) 国内産業の空洞化の定義を説明する。

　国内産業の空洞化とは、企業が生産拠点を海外に移す動きを強め（**海外直接投資の増加**）、国内における製造業の衰退や雇用機会の減少が生じる現象をいう。

(b) 国内産業の空洞化に関連する事柄を追加する。

　日本企業による海外直接投資がいつ急増したかなどの歴史を説明する、あるいはどのような経済現象が見られた場合に産業の空洞化が起こりやすいかなどについての説明を加えることが好ましい。

＜国内産業の空洞化を促進する要因例＞
　円高の進行（外国為替市場における自国通貨の価値の上昇）、国内における労働力人口の減少（賃金水準の上昇）、海外直接投資の対象となる国における法人税率の引下げなど

解答例

国内産業の空洞化とは、企業が生産拠点を海外に移転することにより、国内の製造業の衰退や雇用機会の減少が生じることをいう。日本では、プラザ合意後の円高への対応から輸出産業が製造拠点を海外に移した際に、国内産業の空洞化が懸念された。(113字)

　☞　最初の一文目では国内産業の空洞化の一般的定義が述べられており、次の二文目では関連する出来事（1980年代後半の日本経済）が説明されている。

残念答案例

円安が進行した場合や国内労働力の賃金水準が低下した場合、日本企業は現地生産を活発に行おうとする動きを強めるため、産業空洞化が起きやすい。(68字)

　☞　国内産業の空洞化を促進する要因例に誤りがある。「円安」ではなく円高が、「低下」ではなく上昇が、それぞれ適当である。

例題 34　経済の二重構造　　　知識組合せ型　★★☆

「経済の二重構造」に関連して、金融面における二重構造（資金調達における大企業と中小企業の格差）について60字以内で説明しなさい。　　　　（中央大）

《設問のポイント》

冷静に設問文を読み取ってほしい。この設問では要するに「資金調達における大企業と中小企業の格差」を説明すればよい。そして、なぜそのような格差が生じるのかなど、その背景についても触れておきたい。

なお、**経済の二重構造**とは、一国の経済の中に近代的な産業部門と前近代的な産業部門（例えば、大企業と中小企業、工業と農業など）とが共存して、両者の間に生産性や賃金面で大きな格差があるような経済構造をいう。

✖書くべき事柄✖

(a) **中小企業は、大企業と比べ、資金調達が困難であるということを説明する。**

中小企業は大企業と比べて、金融機関（金融市場）から資金を調達しにくい点には必ず言及しておきたい。

(b) **中小企業の資金調達が困難であることの背景（理由）も説明する。**

なぜ大企業は金融機関から資金を調達しやすく、中小企業の方が資金の調達が困難となるのか、について説明しよう。

> 例：大企業は担保（債務の履行を確保するためのもの）を多く有しているが、中小企業は担保に乏しい。
> 例：中小企業は、信用を集めやすい大企業と比べ、融資の際に高い金利が設定されてしまう。

解答例①

一般に、中小企業は、物的担保が乏しいことなどから、融資の際に高金利が求められるなど、大企業に比べ不利なことが多い。(57字)

解答例②

一般に、中小企業は大企業と比べて、資金の返済についての信用力が低いことから、金融機関から融資を受けにくいとされる。(57字)

残念答案例

大企業は資金力があるので金融業を営むことができるが、中小企業は資金力がないので金融業を営むことができない。(53字)

☞ "資金調達における格差" という視点に欠けており、点数確保が難しいだろう。

漢字ドリル㉟

婚姻後も夫婦が異なる苗字（氏）を名乗ることを認める、選択的夫婦ベッセイ制度の導入が議論されている。

〈解答〉別姓
×別性

漢字ドリル㊱

イギリスは不文憲法だが、日本はセイブン憲法をもっている。

〈解答〉成文
×正文

漢字ドリル㊲

カイゾク対処法にもとづいて自衛隊がソマリア沖に派遣された。

〈解答〉海賊
×海族

漢字ドリル㊳

(a)カセン市場では、価格の(b)カホウコウチョクカが見られる。

〈解答〉(a)寡占、(b)下方硬直化
×(a)募占、(b)加法硬直化

漢字ドリル㊴

明治憲法では、公共の安全を保持する場合などに、天皇がキンキュウチョクレイを発することが認められていた。

〈解答〉緊急勅令
×緊急刺令

漢字ドリル㊵

明治憲法は、天皇が定めたキンテイ憲法である。

〈解答〉欽定
×金定

例題35　食糧管理制度　　　　　　　　　知識組合せ型　★★☆

　農業基本法が十分に機能しなかった理由のひとつとして、食糧管理制度の存在が挙げられる。この制度は、農作物の安定供給と価格の維持を目標とし、米や麦などの主要な食糧の生産・流通・販売を政府が統制・管理するもので、主に農家の保護を指向していた。しかし、米などの流通を市場に委ねるのではなく、政府が管理することで様々な問題が発生することとなった。

問　下線部に関連して、この制度のもとでどのような問題が発生し、その問題に対して政府はどのように対応しましたか。それぞれ説明しなさい。〈18cm×3行〉

（福井大）

《設問のポイント》

　食糧管理制度のもとで発生した問題と、その問題に対する政府の対応の2点を説明する設問である。第二次世界大戦後の日本の農業政策の変遷についての知識を活用しなければならない。

　なお、**食糧管理制度**は、政府が米などの需給計画を立て、価格などを調整・管理する制度をいう。戦時中の食料不足対策のために導入された同制度は、高度経済成長期には農家の保護に重点をおくようになり、政府が農家から米を高い価格（生産者米価）で買い上げ、安い価格（消費者米価）で流通させることを続けたため、政府の赤字が累増するという問題が生じるようになった。また、農家を保護するあり方が、日本の農業の産業としての競争力や国際競争力を弱めたという指摘もある。

✘書くべき事柄✘

(a) **食糧管理制度のもとで発生した問題を説明する。**

・政府（食糧管理特別会計）の赤字が増大した（①）。
・国民の生活が豊かになるにつれて食生活が多様化し、米の需要が落ち込み、米がしだいに生産過剰になっていったため、食糧管理制度の維持が難しくなった（②）。
・零細な農家を保護するための農産物の輸入制限や米の価格や流通における規制に対し、海外から市場開放や規制の緩和が求められるようになった（③）。
・農家を保護することで、日本の農業の競争力が弱体化した（④）。

(b) **発生した問題に対する政府の対応を説明する。**

・（上記①②への対応）**減反政策**（米の作付面積の制限）や**自主流通米制度**（農家と販売業者が、政府を通さずに米の取引を行うしくみ）の導入など、1960年代後半以降の政府の対応例を挙げるのが妥当と思われる。

・（上記③④への対応）。1990年代以降の政府の対応例を挙げるのが有効と思われる。例えば、**食糧管理制度の廃止**や新しい**食糧法**（**食糧需給価格安定法**）の制定・施行により、米の生産と流通における規制が大幅に緩和されたこと、あるいは米の輸入解禁や減反の縮小、さらには農業への市場原理（競争原理）の導入や**6次産業化**による農業経営の効率化の推進など、日本の農業を取り巻く環境を大きく変化させる政策が進められてきたことについて説明することができるとよいだろう。

解答例①

食糧管理制度のもとで、政府は米を生産者から高く買い入れて消費者に安く売っていたため、政府の赤字が膨れ上がるという問題が発生した。そのため政府は、米の流通のあり方を見直したほか、作付面積を制限する減反政策を導入して対応しようとした。（115字）

☞ 政府の赤字（食糧管理特別会計の赤字）を問題点としてあげ、政府による対応例として、米の流通のあり方の見直しや減反政策をあげている。

解答例②

生産者米価と消費者米価の二重価格制のため、政府に逆ザヤが発生した。また、米の市場開放が求められるなど、米の流通や価格について見直す必要が出てきた。こうした問題に対して政府は、米の流通や価格について大幅な規制緩和を実施した。（111字）

☞ 政府の逆ザヤ（政府の赤字）や海外からの市場開放要求を問題点としてあげ、政府による対応例として、米の流通や価格に関する規制緩和をあげている。

残念答案例

食糧管理制度のもと、多くの農家で転作が進み、米を生産する農家が激減したため、米の自給率は下がり、米不足が深刻化した。こうした問題を受けて政府は、米の輸入を認めるようになり、その結果、米の自給率が大幅に上昇し、米不足は解消した。（113字）

☞ 一般に、食糧管理制度（＝農家の保護を指向する制度）の存在が、転作（米以外の作物への転換）を妨げたといわれるので、答案例の冒頭部分の記述は不適当である。また、食糧管理制度時代の米の自給率は100％に達していたし、国民の食生活の変化などが影響して米は生産過剰となったことから、「米の自給率は下がり、米不足が深刻化した」という記述も適当でない。加えて、米の輸入解禁によって米の自給率が低下したのだから、後半部分の「米の自給率が大幅に上昇」という記述も適当でない。

例題36　消費者問題　　　　　　　　　　　知識組合せ型　★★☆

消費者問題が発生する背景と、消費者保護の施策が必要とされる理由を、下の3つの語をすべて用いて（語を用いる順序は任意）、150字以内で説明せよ。

消費者の自己責任　　　情報量の格差　　　情報提供

（西南学院大）

《設問のポイント》
消費者問題が発生する背景と消費者保護の施策が必要とされる理由の2点を、3つの指定語句を用いて説明すればよい。

✘書くべき事柄✘

(a) **消費者問題が発生する背景を説明する。**

指定語句の一つに「情報量の格差」があることから、消費者問題の背景として**情報の非対称性**の存在を指摘することが望ましい。一般に、企業と消費者の間には、商品に関してもっている情報量に格差（情報の非対称性）があり、消費者は取引や契約において不利な立場におかれやすいとされる。

(b) **消費者保護の施策が必要とされる理由を説明する。**

(a)でも触れたように、消費者問題が発生する背景には、企業と消費者の間の「情報量の格差」「情報の非対称性」がある。逆に言えば、両者の間の情報量格差を埋めるような「情報提供」が適切に行われたならば、消費者問題の発生防止につながることになる。したがって、「情報提供」の充実を図るためには消費者保護の施策が必要だということを説明したい。

指定語句に「消費者の自己責任」が含まれているが、この語句の使い方に戸惑う受験生も少なからずいるだろう。下の解答例は、消費者の自己責任のみでは消費者問題の発生を防止することは難しい、という切り口でまとめてみた。

解答例

消費者問題が発生する背景は、消費者と企業との間に商品に関する情報量の格差があり、企業によって情報提供が適切に行われないことにある。こうした問題は消費者の自己責任のみで解決することが難しいため、情報提供を徹底する法律を整備したり、行政機関が適切に情報を提供するなど、消費者保護の施策が必要となる。(147字)

157

例題37　持続可能な開発　　　　　　　　　　　定義詳細型　★☆☆

「持続可能な開発」という理念とはどういうものか。簡潔に記せ。〈14 cm×3行〉

（埼玉大）

《設問のポイント》

「**持続可能な開発**」という理念の定義を示すことは必須だが、字数が大幅に不足するようであれば、詳細な説明を加えることが必要となる。

✘書くべき事柄✘

(a) 「持続可能な開発」という理念の一般的定義を説明する。

　「持続可能な開発」とは、将来世代の欲求を満たしつつ、現在の世代の欲求も満足させるような開発をいう。例えば、開発を優先しすぎて環境の破壊が進めば、将来世代の生存可能性の幅を狭めることになる。また、環境保全を優先しすぎて開発を怠った場合であっても、将来世代に貧困が引き継がれ、生存可能性の幅を狭めてしまう。つまり、「持続可能な開発」という理念には、将来世代の生存可能性を損なうことなく、現在世代が開発を進めていこうという考え方が込められている。

(b) 解答字数が不足している場合には、関連する事柄を加える。

　解答字数が不足しそうな場合には、「持続可能な開発」という理念と密接に関連する事柄を追加して、不足分を補いたい。

> 例：この理念は、国連・環境と開発に関する世界委員会（ブルントラント委員会）が1987年に提唱したことで知られる。
> 例：1992年の地球サミット（国連環境開発会議）では、「持続可能な開発」が共通理念として掲げられた。

解答例①

国連・環境と開発に関する世界委員会が提唱した理念で、将来の世代が享受する経済的、社会的な利益を損なうことなく、現在の世代が環境を利用していこうとする考え方をいう。（81字）

解答例②

「持続可能な開発」とは、将来の世代がニーズを満たす能力を損なわないように、現在世代のニーズを満たす開発をいい、1992年の地球サミットでは共通理念として掲げられた。（80字）

例題38　将来の人口減少に対する施策と労働力人口比率を向上させる施策

知識推論型　★★☆

　労働力人口の推移は、将来の人口変動だけでなく、働き方の変化などにも左右される。労働力人口の減少に歯止めをかけるための施策として、どのようなことが考えられるか。①将来の人口減少に対する施策、②労働力人口比率を向上させる施策、という二つの観点から、100字以上120字以内で述べよ。

（京都産業大）

《設問のポイント》

　労働力人口の減少に歯止めをかけるための施策として思いつくものを、①・②の二つの観点からまとめるもの。二つ合わせて100字以上120字以内にまとめるためには、文章をコンパクトにする工夫も必要となる。例えば、「**将来の人口減少に対する施策**」「**労働力人口比率を向上させる施策**」という表現を、「**①の施策**」「**②の施策**」という表現に置き換えて説明すれば、文章はコンパクトになるだろう。

✘書くべき事柄✘

(a) **①の施策（将来の人口減少に対する施策）について説明する。**

　将来の人口減少を食い止めるには、**出生率の向上（出生数の増加）** が有効である。そして、出生率の向上を実現するには、**子どもを産み育てやすい環境（社会状況）をつくり出す必要がある。**

　①の答案を作成するにあたっては、子どもを産み育てやすい環境づくりを目指す施策、いわゆる少子化対策の具体例をあげるとよいだろう。

> 例：結婚・出産・育児支援（結婚・出産祝い金制度の充実、妊娠・出産に関わる医療費支援、不妊治療・不妊手術に対する補助金制度、育児関連用品に対する免税措置など）、子育てと仕事の両立支援（育児休業・看護休暇制度の充実、保育施設の整備、待機児童の解消など）

(b) **②の施策（労働力人口比率を向上させる施策）について説明する。**

　総人口に占める労働力人口の割合を向上させるアプローチとして、次のものが考えられる。

　［長期的視点］**出生率を向上させ、将来の生産年齢人口の増加を目指す。** ……(1)
　［短期的視点］**非労働力人口を労働力として活用する。** ……(2)

　(1)の長期的視点は①の施策と重なってしまう。ここでは(2)の短期的視点から②の施策を説明することが望ましいだろう。

非労働力人口とは、15歳以上人口のうち労働力人口に含まれない部分の人口であり、具体的には、収入の伴う仕事をしていない高齢者や家事をする者などがこれに該当する。仮に、収入の伴う仕事に就いていない高齢者や障害者、主婦・主夫、さらには外国人などの就労人口が増えれば、労働力人口比率は向上することになる。また、外国人労働力の受入れを増やすことも労働力人口比率の向上につながる。

②の答案を作成するにあたっては、高齢者や障害者、主婦・主夫層、外国人労働力の就労機会の増加を目指す施策を具体例としてあげるとよいだろう。

> 例：高齢者や障害者の雇用促進策（高齢者の継続雇用制度の充実や障害者の法定雇用率の引上げなど）、主婦・主夫層や外国人労働力の就労機会を増やすための環境づくり（各種法整備や保育施設の充実、就職支援など）など

解答例①

①の施策として、出産・不妊治療に対する補助や育児環境の拡充を図るなどの少子化対策が考えられる。②の施策として、女性や障害者が働く機会を十分に確保していくための環境づくりや、高齢者の雇用促進策をあげることができる。（106字）

解答例②

子育てのしづらい社会環境が少子化の要因となり、将来人口の減少をもたらす。そのため①の施策として、保育施設の拡充や育児相談体制の整備が考えられる。②の施策としては、家事や育児と労働との両立がより容易となる労働条件や雇用制度の拡充が考えられる。（120字）

残念答案例

将来人口を増加させるには、子どもが多く出生すればよいので、出生を奨励する政策を実施する。また、労働力人口比率を上昇させるには、現在は働いていない人が労働力となればよいので、働くことを奨励する政策を実施する。（103字）

☞「出生を奨励」や「働くことを奨励」は、「施策」というにはあまりにも抽象的であるし、そもそも短絡的すぎる解答となっている。

例題39　公的扶助と社会保険　　　　　　　　　　　知識組合せ型　★★★

> 公的扶助と社会保険を互いに対比しながら説明しなさい。(175字以内)
>
> （一橋大）

《設問のポイント》

社会保障制度の中核ともいえる**公的扶助**と**社会保険**について、それぞれの定義を示した上で、どこに相違点があるかを制限字数内でまとめよう。

✘書くべき事柄✘

(a) 公的扶助と社会保険の定義を対比形式で説明する。

　公的扶助とは、生活困窮者に最低限の生活を保障する制度をいう。その費用は、全額公費（租税）によってまかなわれている。一方、**社会保険**とは、病気や失業などに直面した人に、医療や所得を保障するための制度をいう。その費用は、拠出金（保険料）と公費（租税）によってまかなわれている。

(b) 公的扶助と社会保険の相違点を明確にする。

　費用の違いを対比させて説明することが望ましいだろう。上記の(a)の記述内にもあるように、公的扶助と社会保険は、その費用（財源）に相違点がある。

　他にも、"救貧的な制度 or 防貧的な制度"という対比説明で答案を作成する方法が考えられる。公的扶助は、自力で最低限の生活ができなくなった生活困窮者を対象とする制度であるから、救貧的な制度に分類でき、社会保険は、疾病・障害などの事故のリスクに備えるもので、防貧的な制度に位置づけられる。

解答例①

公的扶助は、生活に困っている国民に対して、国家の責任において無償の経済給付を行う制度である。一方、社会保険は、疾病・老齢・介護・失業・労働災害などで収入を失った国民に対して、所得の保障を行う制度である。公的扶助が全額公費によって運営される救貧的な制度であるのに対し、社会保険は拠出金と公費によって運営される防貧的な制度である点に、大きな違いがある。(174字)

解答例②

公的扶助は、自力で生活できない困窮者を救済するとともに、自立の支援を図る制度である。公的扶助の費用は、全額を国と地方自治体の税金で負担する。社会保険は、保険の加入者に対して現金やサービスの給付を通じて、疾病・老齢・失業など生活不安の解消を図る制度である。社会保険の費用は、事業主や被保険者が拠出する保険料と、国と地方自治体の税金で負担する。(170字)

練習問題5　日本経済の発展と諸課題・労働と社会保障

問38　1990年代に入ると株価や不動産価格は下落を始め、バブル経済は崩壊し、日本経済は長期にわたる平成不況に陥った。この時期に株価や不動産価格が下落を始めた理由を二つ挙げよ。〈15 cm×1.4 cmの枠が2つ〉

(青山学院大)

問39　「経済のソフト化・サービス化」とは何かを簡潔に説明しなさい。〈16 cm×3行〉

(中央大)

問40　食料自給率が低いことで、どのような問題があるといわれますか。説明しなさい。〈18 cm×2行〉

(福井大)

問41　トレーサビリティー・システムに関して、50字以内で簡潔に説明しなさい。

(高崎経済大)

問42　環境問題への対応については、先進国と南の発展途上国との間で鋭い対立がある。このことについて先進国と途上国の主張を簡単に記せ。〈14 cm×3行が2つ〉

(埼玉大)

問43　「公害の輸出」とは、主にどのような悪影響が出ることか。それを引き起こす背景も含め、70字以内で説明しなさい。

(中央大)

問44　1997年に環境アセスメント法が成立したが、環境アセスメントとはどのような制度か。簡単に説明せよ。〈15.5 cm×2行〉

(広島修道大)

問45　厳しい雇用情勢に対応する措置としてワークシェアリングの導入が検討されることがある。ワークシェアリングについて、「雇用」と「労働時間」という語句を用いて50字以内で説明せよ。

問46　少子高齢化が進むと賦課方式の年金制度にどのような問題が生じることになるかを60字以内で説明しなさい（句読点も1字に数える）。

(中央大)

問47　社会保障制度の抜本的改革が行われない理由としてどのようなことが考えられるか。60字以内で自分の考えを述べなさい。（句読点も1字に数える）

(中央大)

問48　社会福祉の分野では、「ノーマライゼーション」という理念がしばしば主張されている。これはどのような考え方か。50字以内で記せ。

(広島修道大)

第6章 国際経済

例題40　FTAとEPA　　　　　　　　　知識組合せ型　★★☆

FTA（自由貿易協定）とEPA（経済連携協定）について、両者の違いが分かるように説明しなさい。〈20 cm×3行〉

（高崎経済大）

《設問のポイント》

FTA（**自由貿易協定**）とEPA（**経済連携協定**）の一般的な定義を説明するともに、両者の相違点を説明することがポイントとなる。

✘書くべき事柄✘

(a) **FTAとEPAの一般的な定義を説明する。**

FTAとは、特定の国や地域との間で、物品の関税やサービス貿易の障壁などを削減・撤廃して、**貿易の自由化**によって生まれる利益を相互に享受することを目的とする協定である。

EPAとは、貿易の自由化のみならず、投資の自由化やヒトの移動の自由の促進など、**FTAよりも幅広い分野で**、特定の国や地域との間で経済関係の強化を図ることを目的とする協定である。

(b) **FTAとEPAの相違点を説明する。**

EPAは、投資ルールやヒトの移動の自由の促進などが含まれるなど、FTAよりも対象分野が広い。EPAとFTAのうち、どちらの方が幅広い分野を扱う協定であるか、を明確に説明することが重要となる。

解答例①

ＦＴＡが２国間あるいは複数国間で財やサービス貿易の自由化をすすめる協定であるのに対し、ＥＰＡは貿易のみならず投資やヒトの移動など、ＦＴＡよりも幅広い分野で協力をすすめる協定である。（90字）

解答例②

自由貿易協定と経済連携協定はともに複数の国の間で関税などの貿易障壁の撤廃を図る協定である。両者の違いは、経済連携協定のほうが自由貿易協定よりも経済連携をすすめる分野が幅広い点にある。（91字）

例題41　変動相場制　　　　　　　　　　　知識組合せ型　★★☆

変動相場制の下で為替レートが円高へ変動する要因を、下の3つの語をすべて用いて（語を用いる順序は任意）、150字以内で説明せよ。

物価　　金利　　為替投機

（西南学院大）

《設問のポイント》

「物価」や「金利」がどのように変化した場合に為替レートは円高となるのか、また、どのような「為替投機」が為替レートを円高へと向かわせるのかについて、それぞれ説明することが求められている。

✘書くべき事柄✘

(a) 日本国内での物価の下落が円高要因となることを説明する。

　　日本国内での物価が下落したならば、相対的に高い外国製品の輸入が減少し、相対的に安い日本製品の輸出が増加する。その場合、海外から日本へ向けて代金として支払われた外貨を円へと交換する動き（外貨売り円買い）が外国為替市場で活発になるので、為替レートは円高へと向かうことになる。

(b) 日本国内での金利の上昇が円高要因となることを説明する。

　　日本国内で金利が上昇したならば、相対的に高い金利にひかれて外国に預金されていた資金が、金利が上昇した日本へと移動する動きが活発になる（資本流入圧力）。その場合、預金していた外貨を円へと交換する動き（外貨売り円買い）が外国為替市場で活発になるので、為替レートは円高へと向かうことになる。

(c) 円の値上がりを期待する為替投機の活発化が円高要因となることを説明する。

　　円の値上がりを予想する人が、為替投機で利益を得ようとして外貨を円へと交換する動き（外貨売り円買い）を活発に行えば、為替レートは円高へと向かうことになる。

> 為替レートを変動させる要因には様々なものがあり、金利や物価、経常収支などがその代表例である。例えば、高金利やデフレ、経常収支の黒字はいずれもその国の通貨の為替レートを上昇させる要因（日本の場合は円高要因）となる。

解答例

日本国内で物価が下落し、外国製品の輸入が減少して日本製品の輸出が増加した場合や、日本国内での金利が上昇し、日本への資本流入が増加した場合にも、為替相場は円高へと向かうことになる。また、円が値上がりするという期待感が大きい場合、為替投機で利益を得ようとする投資家が円買いを行うため円高となる。(145字)

例題42　双子の赤字　　　　　　　　　　　　　　　　知識組合せ型　★★☆

1980年代前半のアメリカで、双子の赤字が発生した経緯について、下の3つの語をすべて用いながら（語を用いる順序は任意）、150字以内で説明せよ。

　　財政　　ドル　　貿易

（西南学院大）

《設問のポイント》

双子の赤字がどのような赤字であるのかを明らかにしつつ、それぞれの赤字が発生した経緯を説明することがポイントとなる。

書くべき事柄

(a) **双子の赤字がどのような赤字であるのかを明らかにする。**

双子の赤字とは、1980年代前半のアメリカが抱えた**財政赤字**と**貿易赤字**（経常収支赤字）をさす。このことを説明するだけで「財政」と「貿易」という二つの指定語句を用いることができる。

(b) **それぞれの赤字がどのような経緯で発生したのかを説明する。**

・財政赤字の背景＝大幅減税や軍事費の拡大

当時のアメリカでは、**大幅減税**、**規制緩和**を基本とした「**小さな政府**」路線の経済政策が進められていた（**レーガノミクス**）。加えて、「**新冷戦**」を背景とする**軍事費の拡大**が進み、**財政赤字は拡大した**。

・貿易赤字の背景＝高金利、ドル高、輸入の増大と輸出の減少

当時のアメリカでは、石油危機後のインフレ対策などを理由に、**通貨量を抑制する政策**（**金融引締め策**）が採られていた。通貨量の抑制は民間資金のひっ迫を引き起こし、**金利の高騰**を招いた。この高金利状態が外国からの資金を引き寄せ、ドル買いが活発になり、為替レートは**ドル高**へと向かった。そして、このドル高傾向が**輸入の増大や輸出の減少**を招き、**貿易赤字は拡大した**。

解答例

1980年代前半のアメリカでみられた双子の赤字とは、貿易赤字（経常赤字）と財政赤字をさす。貿易赤字は、ドル高による輸出の不振や旺盛な消費を背景とする輸入の増大が影響して発生した。一方、財政赤字は、レーガン大統領の下で実施された減税政策や軍事費をはじめとする歳出額の拡大が原因となって発生した。（144字）

☞　上記(b)で示したように詳細な説明を書こうとすると、おそらく字数制限をオーバーしてしまうだろう。解答例は、(b)に登場する"小さな政府"あるいは"高金利"といったキーワードに触れず、コンパクトにまとめたものとなっている。

練習問題6　国際経済

問49 2008年のリーマン・ショックに関連して、アメリカにおけるサブプライムローンの回収困難が何故、「世界同時不況」にまで発展していったのか。その理由を簡潔に説明しなさい。〈16 cm × 4 行〉

(中央大)

問50 「最恵国待遇」と「ダンピング」について、それぞれ60字程度で説明しなさい。

(高崎経済大　改)

問51 関税同盟について、FTA（自由貿易協定）との違いに触れつつ説明しなさい。〈20 cm × 3 行〉

(福井大)

問52 「ブロック経済」とは何かについて、その説明を30字以内で記しなさい。

(獨協大)

問53 (1)モノカルチャーとは何か、1行程度で述べよ。また、(2)発展途上国の多くがモノカルチャーとなった理由を2行程度で述べよ。

(松山大)

問54 1974年の国際連合総会において、「新国際経済秩序樹立宣言」決議が採択されたが、この決議の主なる内容と意義について、説明しなさい。〈19.5 cm × 8 行〉

(青山学院大)

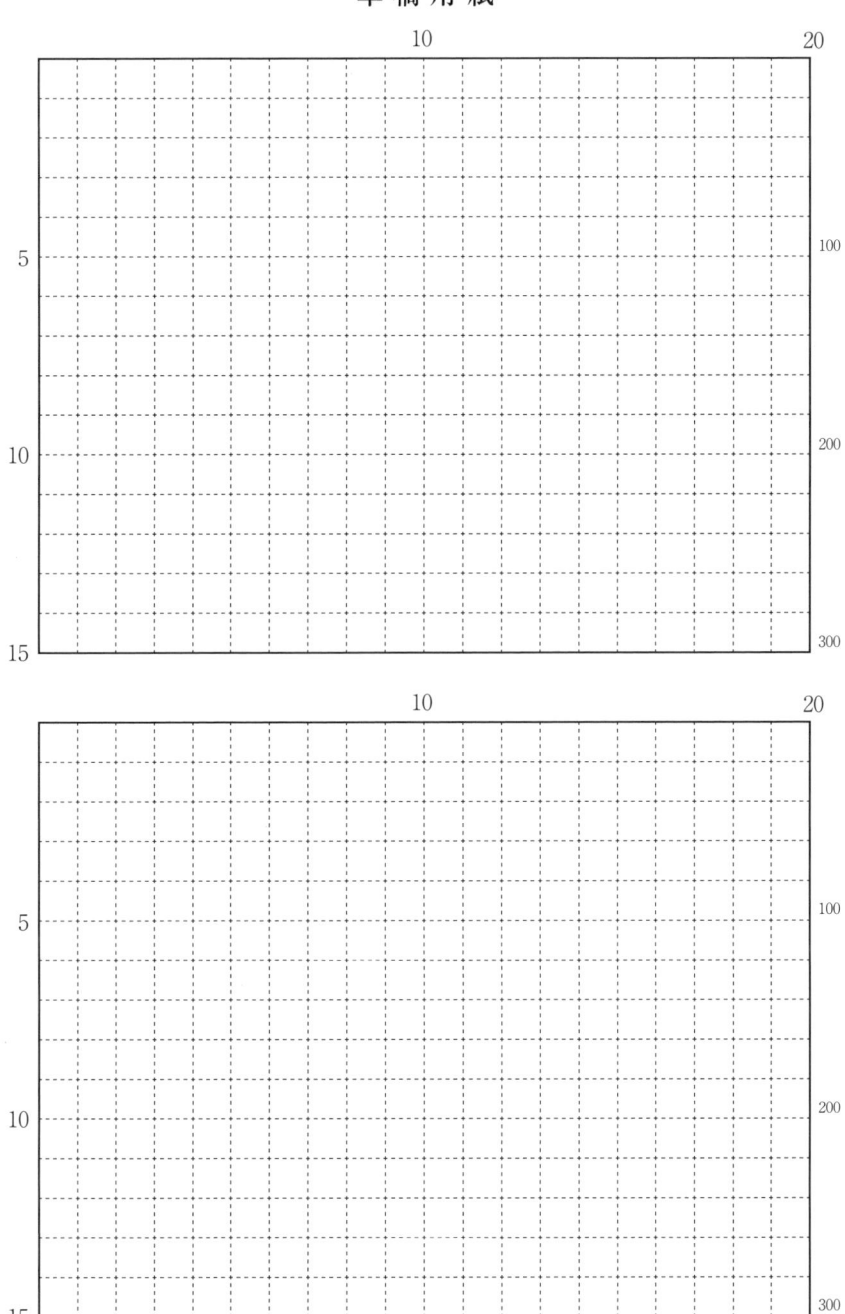

草 稿 用 紙

草 稿 用 紙

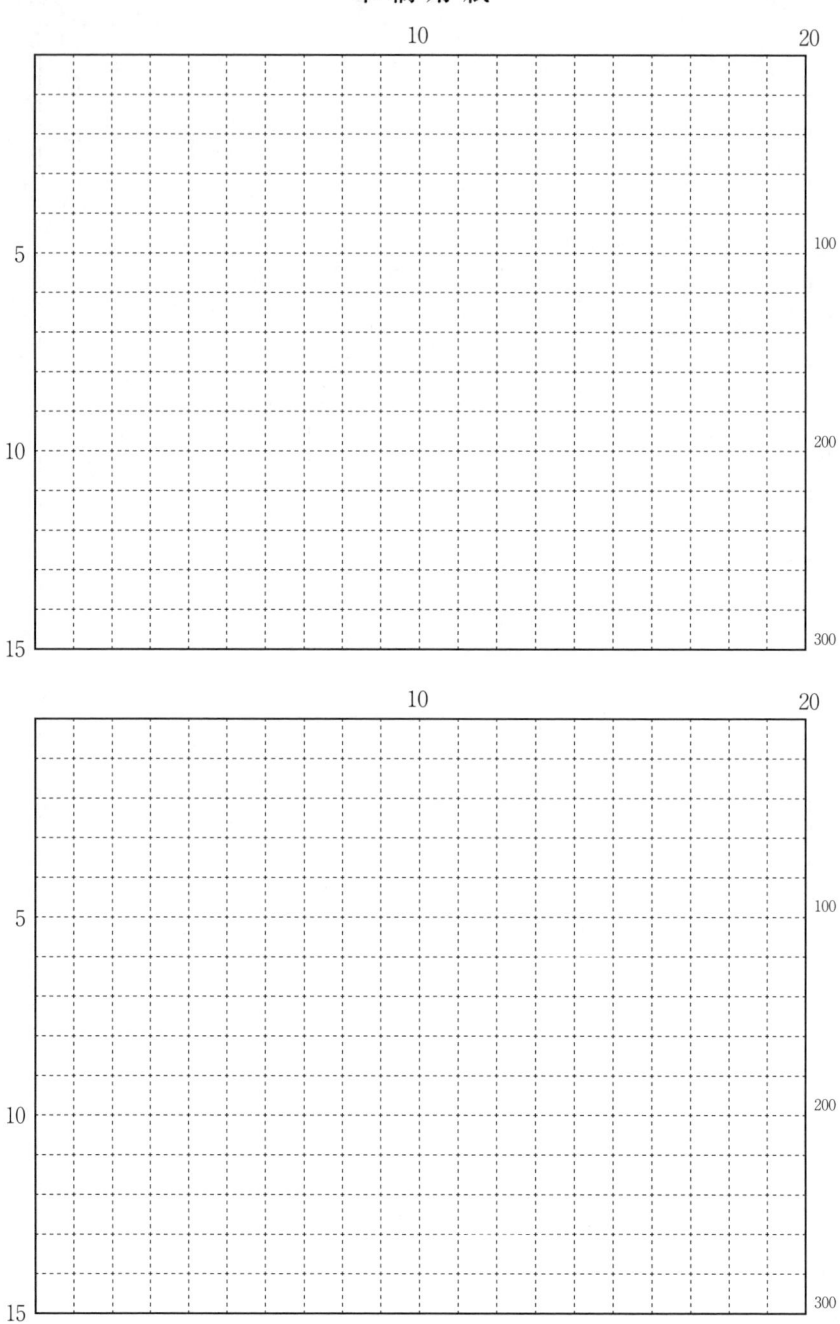

河合塾
SERIES

政治・経済
計算&論述 特訓 問題集

練習問題　解答・解説編

河合出版

河合塾
SERIES

政治・経済
計算&論述 特訓 問題集

練習問題　解答・解説編

河合出版

目　　次

第1部　計算問題編

- 練習問題1　基本的な計算技能 ……………………………………………… 4
- 練習問題2　政治分野 …………………………………………………………… 5
- 練習問題3　市場機構 …………………………………………………………… 6
- 練習問題4　金融・財政 ……………………………………………………… 11
- 練習問題5　国民所得計算 …………………………………………………… 15
- 練習問題6　比較生産費説 …………………………………………………… 21
- 練習問題7　国際収支・為替レート ………………………………………… 24
- 練習問題8　その他計算問題 ………………………………………………… 26

第2部　論述問題編

- 練習問題1　民主政治の基本原理・日本国憲法の基本原理 …………… 28
- 練習問題2　日本の政治機構・現代政治の特質と課題 ………………… 34
- 練習問題3　現代の国際政治・国際社会の諸課題 ……………………… 39
- 練習問題4　現代経済の仕組み ……………………………………………… 42
- 練習問題5　日本経済の発展と諸課題・労働と社会保障 ……………… 45
- 練習問題6　国際経済 ………………………………………………………… 49

計算問題編

練習問題1　基本的な計算技能

解答

問1　③
問2　198.32%
問3　92.0兆円
問4　②
問5　[A氏] 3億円　　[B氏] 1億8000万円　　[C氏] 3億3000万円

解説

問1　完全失業率　公式利用型　★☆☆

正解は③。労働力人口に占める完全失業者の割合が完全失業率（%）となる。

$$完全失業率 = \frac{300万人}{6000万人} \times 100$$
$$= 0.05 \times 100$$
$$= 5（\%）$$

問2　長期債務残高の対GDP比　解法パターン型　★☆☆

正解は198.32%。

$$\frac{942兆円}{475兆円} \times 100 = 198.31578\cdots（\%）$$

小数点第3位以下を四捨五入すると、長期債務残高のGDP比は198.32%となる。

問3　予算の規模　解法パターン型　★☆☆

正解は92.0兆円。一般会計予算の金額を x とおいて考える。財政投融資計画の規模は、x の20%（0.2）の18.4兆円であるから、

$$x \times 0.2 = 18.4兆円$$

という式であらわすことができる。この式を解くと次のようになる。

$$x = 18.4兆円 \div 0.2$$
$$= 92.0兆円$$

したがって、92.0兆円が正解となる。

問4　エンゲル係数　公式利用型　★☆☆

正解は②。飲食費が消費支出の総額に占める割合をエンゲル係数という。この設問の数値を用いてエンゲル係数を計算すると20%となる。

15（飲食費）÷ 75（消費）× 100 = 20（％）

なお、一般に所得水準が上昇するとエンゲル係数は低下するとされる。

問5　出資額の割合　解法パターン型　★☆☆

正解は 解答 を参照。3氏の出資額の割合は、「A：B = 5：3」「B：C = 6：11」となっている。この比例式は、B氏を軸にA氏とC氏の出資額の大きさを比であらわしたものとなっている。「A：B = 5：3」を「A：B = 10：6」とあらわした場合、A～Cの3氏の出資額の大小関係がみやすくなり、「A：B：C = 10：6：11」という比例式を導くことができる。

10 + 6 + 11 = 27 となることから、8億1000万円を27口に分割して考えてみる。8億1000万円を27口に分割すると、1口あたり3000万円となることから、「A：B：C = 10：6：11」より、A氏の出資額は10口で3億円、B氏の出資額は6口で1億8000万円、C氏の出資額は11口で3億3000万円となる。

練習問題2　政治分野

解答
問6　③
問7　(1) ①　(2) AとD

解説

問6　ドント式による比例配分　解法パターン型　★☆☆

正解は③。本問のケースでは、次表のような結果（ドント式による比例配分の結果）が得られる（表中の①～⑨は商の大きい方から並べた順位を示している）。

政党	X 党	Y 党	Z 党
獲得票数	186,000	103,000	74,000
÷1	① 186,000	② 103,000	④ 74,000
÷2	③ 93,000	⑥ 51,500	⑨ 37,000
÷3	⑤ 62,000	34,333…	24,666…
÷4	⑦ 46,500	25,750	18,500
÷5	⑧ 37,200	20,600	14,800
獲得議席数	5	2	2

この表からわかるように、X党の獲得議席数は5議席、Y党の獲得議席数は2議席、Z党の獲得議席数は2議席となる。したがって、③の組合せが正解である。

問7　惜敗率　公式利用型　★★☆

(1)　正解は①。

Cの惜敗率 = $\dfrac{\text{Cの得票数}}{\text{当選者の得票数}} \times 100$　という式を用いて考えればよい。Cの惜敗率が72%、Cの得票数は40,000票であるとき、当選者の得票数は次のように求めることができる。

$$\text{当選者の得票数} = \dfrac{\text{Cの得票数}}{\text{Cの惜敗率}} \times 100$$

（先の式を変形したもの）

$$= \dfrac{40{,}000}{72} \times 100$$

$$= 55{,}555.55\cdots\cdots$$

したがって、①の「約55,000票」が最も近い数値として、正解となる。

(2)　正解はAとD。

表によれば、名簿順位2位のBは小選挙区ですでに当選しているので、Bは正解から除外される。また、設問文の条件より、比例選挙区におけるX党の当選者数は2人であることから、表中の残る5人（A、C、D、E、F）の中から2人を選ぶことになる。

まず1人目は、名簿順位に従いAが選出されることになる。次の2人目は、届出時の順位が2位の重複立候補者C、Dのうち、惜敗率の大きいDが選出されることになる。

以上より、正解は「AとD」となる。

練習問題3　市場機構

解答

問8　X ― ⑥　　P ― ③
問9　(1) 760　　(2) 1500
問10　500
問11　1　75　　2　750
問12　①

解説

問8　市場機構　解法パターン型　★☆☆

正解はX ― ⑥、P ― ③。

$$\begin{cases} \text{需要曲線}: X = -2P + 120 \\ \text{供給曲線}: X = 2P \end{cases}$$

2式を連立させてXとPを算出すると、X = 60、P = 30 となる。

問9　市場機構（労働市場）　解法パターン型　★☆☆

(1)　正解は760。
$$\begin{cases} 需要曲線 D \cdots W = 1000 - 0.1L \\ 供給曲線 S \cdots W = 400 + 0.15L \end{cases}$$
上の2式を連立させてLとWを算出すると、L = 2400、W = 760 となる。

(2)　正解は1500。
最低賃金が850の場合の需要量と供給量を求めよう。
W = 850 を W = 1000 − 0.1L に代入して需要量を算出する。
　850 = 1000 − 0.1L
　　L = 1500　　…①
W = 850 を W = 400 + 0.15L に代入して供給量を算出する。
　850 = 400 + 0.15L
　　L = 3000　　…②
供給量が需要量を上回っており、その差（②−①）は1500となる。

問10　市場機構（補助金政策）　数学的思考型　★★☆

正解は500。
まずは補助金政策を実行する前と後とに分けて考え、その次に補助金の総額を求める。

補助金政策を実行する前の需要曲線と供給曲線

$$\begin{cases} 需要曲線：Q = 100 - 2P \quad \rightarrow \quad P = -\dfrac{1}{2}Q + 50 \\ 供給曲線：Q = -20 + 2P \quad \rightarrow \quad P = \dfrac{1}{2}Q + 10 \end{cases}$$

補助金政策を実行した後の需要曲線と供給曲線

売り手への補助金政策が実施されることにより、供給曲線が下（右）方向に移動（シフト）することになる（間接税が課税されるとその分上方向に動くのと逆の理屈である）。なお、財1単位当たりの補助金が10である場合、供給曲線を示す式の切片の値は10だけ小さくなる。

$$\begin{cases} 需要曲線：P = -\dfrac{1}{2}Q + 50 \quad \cdots ①式 \\ 供給曲線：P = \dfrac{1}{2}Q + 10 \underline{- 10} \quad \rightarrow \quad P = \dfrac{1}{2}Q \quad \cdots ②式 \end{cases}$$

①式と②式を連立させてPとQを算出すると、P = 25、Q = 50 となる。

補助金の総額を求める

財1単位当たりの補助金が10、均衡取引量が50である場合、補助金の総額は、10 × 50 = 500 となり、これが正解となる。

問11 市場機構（関税政策） 数学的思考型 ★★★
　　1　　 正解は75。　　　2　　 正解は750。

まずは、農産物Xの輸入を許可する前と後とに分けて考え、その次に、空欄に入る数値を考える。

農産物Xの輸入を許可する前

$$\begin{cases} 需要曲線：Q = 200 - 2P & \rightarrow \quad P = -\frac{1}{2}Q + 100 \\ 供給曲線：Q = 0.5P & \rightarrow \quad P = 2Q \end{cases}$$

上の2式を連立させてPとQを算出すると、P = 80、Q = 40 となる。
P = 80、Q = 40 のときの農家の収入（売上）は、次のように算出できる。

　P（価格）× Q（取引量）= 80 × 40
　　　　　　　　　　　　= 3200

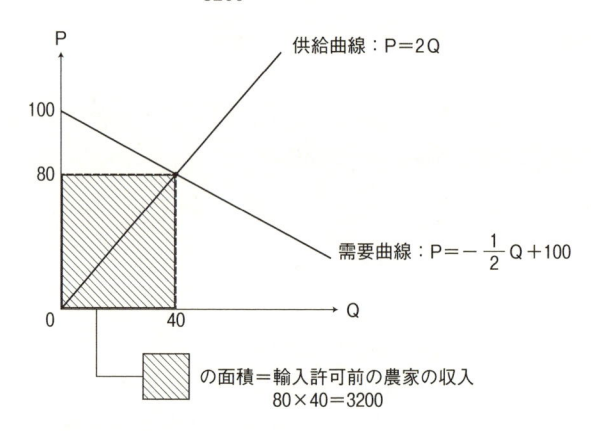

　　　　の面積＝輸入許可前の農家の収入
　　　　　　　80×40＝3200

農産物Xの輸入を許可した後

国際価格40の農産物Xを輸入するにあたり、設問の条件は次の通り。
「農産物Xの輸入を許可するに際し、A国政府は、関税をかけ、輸入を許可する前と後の農産物Xからの農家の収入の差額を補助金で補塡し、その補助金には関税収入を充てる政策を実行した。ただし、A国政府は輸入量が0になる関税はかけないものとする。」

これらの条件から、関税（tとする）の範囲は 0 < t < 40 であり、国内における取引

価格（P）の範囲は 40 ＜ P ＜ 80 であるということがわかる。そして、この範囲内において、

> **輸入を許可する前と後の農家の収入の差額 ＝ 関税収入の総額**

となるような関税を求めればよい。以下、地道な計算となるが、関税が 10、20、30 の場合に分けて考えてみる。

●場合分け 1 ──関税（t）が 10、取引価格（P）が 50 となった場合

　　国内需要量 ＝ 100　　国内供給量 ＝ 25
　　輸入量 ＝ 75
　　農家の収入 ＝ 1250
　　許可前後の農家の収入の差額 ＝ 1950
　　関税収入 ＝ 750

> 国内需要量 100 − 国内供給量 25
> 価格 50 × 供給量 25
> 許可前 3200 − 許可後 1250
> 輸入量 75 × 関税 10

●場合分け 2 ──関税（t）が 20、取引価格（P）が 60 となった場合

　　国内需要量 ＝ 80　　国内供給量 ＝ 30
　　輸入量 ＝ 50
　　農家の収入 ＝ 1800
　　許可前後の農家の収入の差額 ＝ 1400
　　関税収入 ＝ 1000

> 国内需要量 80 − 国内供給量 30
> 価格 60 × 供給量 30
> 許可前 3200 − 許可後 1800
> 輸入量 50 × 関税 20

●場合分け 3 ──関税（t）が 30、取引価格（P）が 70 となった場合

　　国内需要量 ＝ 60　　国内供給量 ＝ 35
　　輸入量 ＝ 25
　　農家の収入 ＝ 2450
　　許可前後の農家の収入の差額 ＝ 750
　　関税収入 ＝ 750

> 国内需要量 60 − 国内供給量 35
> 価格 70 × 供給量 35
> 許可前 3200 − 許可後 2450
> 輸入量 25 × 関税 30

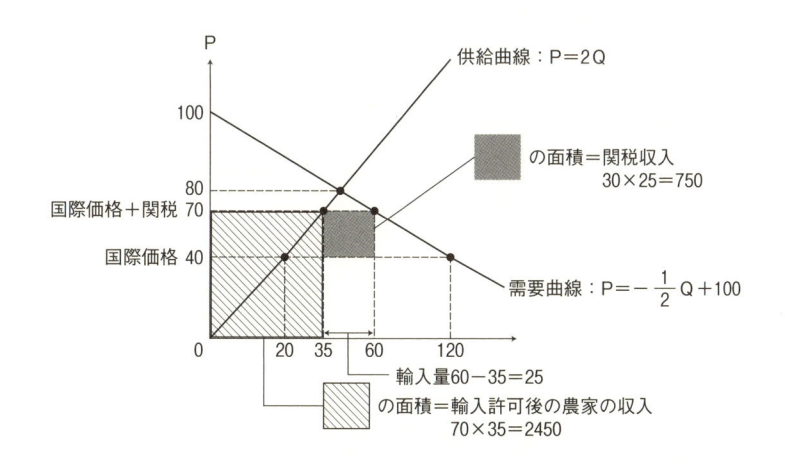

供給曲線：$P = 2Q$

の面積 ＝ 関税収入
$30 × 25 = 750$

国際価格＋関税 70
国際価格 40

需要曲線：$P = -\frac{1}{2}Q + 100$

輸入量 $60 - 35 = 25$

の面積 ＝ 輸入許可後の農家の収入
$70 × 35 = 2450$

●場合分け3に注目しよう。関税が30、取引価格が70のとき、許可前後の農家の収入の差額と関税収入がともに750となり、その数値は等しくなっている（●場合分け1と2では、いずれも両者の額が一致しない）。つまり、関税が30だけ課されたとき、A国政府の関税収入額と補助金額（＝許可前後の農家の収入の差額）とが等しくなる。

空欄に入る数値を考える

先の「●場合分け3」の計算結果より、空欄 2 の関税収入額は「750」となる。一方、空欄 1 の関税率は、国際価格（40）×関税率（x）＝取引価格（70）という式から求めることができ、$x = 1.75$ すなわち関税率は75％ということになる。

別 解

関税tは、方程式をたてていきなり算出してもよいだろう。二次方程式が出てきてやや複雑になるが、考え方や式の立て方は場合分けをした上記のパターンと同様である。

まず、関税tをかければ、取引価格は $(40 + t)$ となる。
その場合、国内需要量は、需要曲線に上の価格を代入することで、
$Q = 200 - 2(40 + t)$
国内供給量も同様に、供給曲線に上の価格を代入することで、
$Q = 0.5(40 + t)$
輸入量はこの差となるので
$200 - 2(40 + t) - 0.5(40 + t) = 200 - 2.5(40 + t)$
農家の収入は「価格×供給量」から
$(40 + t) \times 0.5(40 + t) = 0.5(40 + t)^2$
許可前後の農家の収入の差額は、許可前が3200なのだから
$3200 - 0.5(40 + t)^2$ …①
関税収入は「輸入量×関税額」から
$\{200 - 2.5(40 + t)\} \times t$ …②
農家の収入の差額である①と、関税収入である②が、等しくなればよいので
$3200 - 0.5(40 + t)^2 = \{200 - 2.5(40 + t)\} \times t$
という方程式が成り立つ。これを解いてtを求めれば、関税額が計算できる。

$$3200 - 0.5(40 + t)^2 = \{200 - 2.5(40 + t)\} \times t$$
$$3200 - 0.5(40^2 + 80t + t^2) = 200t - 2.5t(40 + t)$$
$$3200 - 800 - 40t - 0.5t^2 = 200t - 100t - 2.5t^2$$
$$2t^2 - 140t + 2400 = 0$$
$$t^2 - 70t + 1200 = 0 \quad …③$$
$$(t - 40)(t - 30) = 0$$
$$t = 40, 30$$

t = 40 だと輸入量が 0 になってしまい設問の条件を満たさないので、関税額 t は 30 だと分かる。この値を②に代入すれば関税収入が計算でき、空欄 2 は確定できる。関税率は先の「空欄に入る数値を考える」と同様に計算すればよい。

なお、③の二次方程式は、因数分解ではなく解の公式を使っても良いだろう。

$$t = \frac{-(-70) \pm \sqrt{(-70)^2 - 4 \times 1200}}{2}$$

$$= \frac{70 \pm \sqrt{100}}{2}$$

$$= \frac{70 \pm 10}{2}$$

$$= 40, \ 30$$

〈解の公式〉
$ax^2 + bx + c = 0$
$\Rightarrow x = \dfrac{-b \pm \sqrt{b^2 - 4ac}}{2a}$

問12 弾力性　情報推論型　★★★

正解は①。

「輸入量の増大」ではなく「輸入量の減少」が適当。輸入の所得弾力性が正の数の場合、実質所得が1％減少すれば、輸入量も1％減少することになり、実質所得が1％増加すれば、輸入量も1％増加することになる。

②輸入の所得弾力性が負の数の場合、実質所得が1％増加すれば、輸入量は1％減少することになり、実質所得が1％減少すれば、輸入量は1％増加することになる。③輸入の所得弾力性は、輸入の変化率の値を所得の変化率の値で割ったものと定義することができる。

　2（輸入の変化率の値）÷ 1（所得の変化率の値）＝ 2（輸入の所得弾力性）

となることから、③の記述は適当である。④についても③と同様に考えることができる。

　0.5（輸入の変化率の値）÷ 1（所得の変化率の値）＝ 0.5（輸入の所得弾力性）

となることから、④の記述も適当である。

練習問題4　金融・財政

解答

問13 (1) 40億円　(2) 50億円
問14 ⑤
問15 ②
問16 97.4万円（974,000円）
問17 ②
問18 ①

> 解説

問13　信用創造　公式利用型　★☆☆

(1)　正解は 40 億円。

本源的預金（当初の預金）が10億円、支払準備率（預金準備率、中央銀行に預けた預金の割合）が20%のとき、信用創造額は次のように計算できる。

$$信用創造額 = \frac{本源的預金}{支払準備率} - 本源的預金$$

$$= \frac{10億円}{0.2} - 10億円$$

$$= 40億円$$

(2)　正解は 50 億円。

信用創造額が40億円、本源的預金が10億円のとき、預金総額（＝信用創造額＋本源的預金）は50億円となる。

問14　国債の利回り　数学的思考型　★★☆

正解は⑤。

国債の価格が100万円で5万円の年間利子が保証される場合と、国債の価格が125万円で5万円の年間利子が保証される場合とに分けて考える。

国債の価格が100万円で5万円の年間利子が保証される場合

　　　国債を100万円で買う → 5万円の利子 → 元本＋利子は105万円になる

　　　［計算］　100万円 × x = 105万円

　　　　　　　x = 1.05（105/100）　すなわち 利回りは5%ということ。

国債の価格が125万円で5万円の年間利子が保証される場合

　　　国債を125万円で買う → 5万円の利子 → 元本＋利子は130万円になる

　　　［計算］　125万円 × x% = 130万円

　　　　　　　x = 1.04（104/100）　すなわち 利回りは4%ということ。

二つの場合を比べると、この国債は利回りは1%下がった（5%→4%）ことがわかる。したがって、⑤が正解となる。

問15　税額計算(1)　数学的思考型　★★☆

正解は②。

消費税は、納税者（税務署に税を納付する者）と税負担者（実際に税を負担する者）が異なる間接税である。この設問の場合、納税者は「輸入・原材料メーカー」「完成品メーカー」「卸売業者」「小売店」、最終的な税負担者は「消費者」ということになる。

消費税総額を求めるには、納税者の納税額を計算する方法（方法1）と、消費者の負

担額を計算する方法（方法2）の二つがある。いずれの計算方法を用いても構わないが、後者のほうが比較的計算量が少なく、正解に到達しやすい。

方法1　納税者（事業者）が税務署に納付する税額を計算する

　消費税は、「輸入・原材料メーカー」「完成品メーカー」「卸売業者」「小売店」などの事業者が税務署に納付するものであり、その税額は、税抜きの販売価格と税抜きの仕入れ値との差額に税率を乗じて計算される。

　この設問における「輸入・原材料メーカー」「完成品メーカー」「卸売業者」「小売店」の(1)税抜きの販売価格、(2)税抜きの仕入れ値、(3)税抜きの販売価格と税抜きの仕入れ値との差額、(4)税額［納付額、(3)の差額に税率を乗じて計算した額］は、それぞれ次の表のとおりである。

	(1)販売価格	(2)仕入れ値	(3)差額	(4)税額[税率10%]
輸入・原材料メーカー	1,000 円	0 円	1,000 円	100 円
完成品メーカー	2,500 円	1,000 円	1,500 円	150 円
卸売業者	3,500 円	2,500 円	1,000 円	100 円
小売店	5,000 円	3,500 円	1,500 円	150 円

　表中の(4)を合計すると500円となり、②が正解となる。

方法2　税負担者（消費者）が支払う税額を計算する

　この設問において、消費者は小売業者から5,000円（税抜価格）で商品を購入している。消費税率が10％であることから、消費者による消費税の負担額は500円となり、②が正解となる。

問16　税額計算(2)　知識応用型　★★☆

　正解は97.4万円（974,000円）。

　課税所得額が700万円である場合の所得税額は、次のように計算される。

　195万円以下の部分の所得に対する税額　　　　　　　　195万円× 5％＝ 9.75万円
　195万円を超え330万円以下の部分の所得に対する税額　135万円×10％＝ 13.5万円
　330万円を超え695万円以下の部分の所得に対する税額　365万円×20％＝ 73万円
　695万円を超え900万円以下の部分の所得に対する税額　　5万円×23％＝ 1.15万円

　　　　　　　　　　　　　　課税所得額（波線部の合計）700万円
　　　　　　　　　　　　　　　　　所得税額の合計（下線部の合計）97.4万円

問17　税額計算(3)　数学的思考型　★★☆

正解は②。

消費税の負担額は、次の二つの計算式を用いて算出できる。

消費支出（税抜）× 1.05（消費税率）＝消費支出（税込）　…A式
消費支出（税込）－消費支出（税抜）＝消費税負担額　　…B式

まずは、A式を変形した式を用いて、第Ⅲ分位世帯の消費支出（税抜）を求める。

消費支出（税抜）＝消費支出（税込）÷ 1.05（消費税率）
$\qquad\qquad\qquad = 320 ÷ 1.05$
$\qquad\qquad\qquad = 304.76…$

この計算結果から、第Ⅲ分位世帯の消費支出（税抜）は、304か305のいずれかになると考えられる（消費支出の額は整数となるため）。慎重に解答するため、ここで、304と305の数値を再びA式に当てはめ、どちらがふさわしいかを考えてみる。

消費支出（税抜）が304の場合

　304 × 1.05 ＝ 319.2

　→　税額計算では、小数点以下の端数は処理されるので、消費支出（税込）の額は319となる。この数値は、表中の数値と合致せず、ふさわしくない。

消費支出（税抜）が305の場合

　305 × 1.05 ＝ 320.25

　→　税額計算では、小数点以下の端数は処理されるので、消費支出（税込）の額は320となる。この数値は、表中の数値と合致し、ふさわしい。

比較の結果、第Ⅲ分位世帯の消費支出（税抜）は304ではなく305であると考えられる。消費支出（税込）が320、消費支出（税抜）が305のとき、B式を用いて、この世帯の消費税負担額を求めると、320 － 305 ＝ 15 となる。

以上より、②が正解となる。

別解

上記の、A式を変形した式と、B式とを組み合わせれば、次の式になる。

$$消費支出（税込） - \frac{消費支出（税込）}{1.05} = 消費税負担額$$

この式に第Ⅲ分位の数値をあてはめると

$320 - \dfrac{320}{1.05} ≒ 320 - 304.8$
$\qquad\qquad\quad = 15.2$

四捨五入の関係があるものの、小数点以下の数値が0.2程度なので、最も適当な数値は②だと判断できるだろう。

問18　基礎的財政収支　公式利用型　★☆☆

正解は①。

　国債を除く歳入が60兆円、国債からの収入が40兆円のとき、全体の歳入は100兆円となる。全体の歳入と全体の歳出が等しく、国債費が50兆円であるとき、基礎的財政収支は次のように算出される。

　　基礎的財政収支 ＝（全体の歳入 － 国債収入）－（全体の歳出 － 国債費）
　　　　　　　　　＝（100兆円 － 40兆円）－（100兆円 － 50兆円）
　　　　　　　　　＝ 10兆円

ゆえに、基礎的財政収支は10兆円の黒字となり、①が正解である。

練習問題5　国民所得計算

解答

問19 (1)　①c　②e　③h　④b　⑤a　⑥b
　　　　　⑦e
　　(2)　⑧s　⑨n　⑩f
問20　500
問21　①p　②t　③c　④g　⑤e
問22　④
問23　①乗数　②300
問24　①e　②f　③u　④n　⑤l
　　　⑥o　⑦j　⑧r
問25 (1)　①生産主体　②市場　③価格　④所得　⑤国民所得
　　　　　⑥生産国民所得　⑦分配国民所得　⑧支出国民所得　（⑥～⑧は順不同）
　　　　　⑨三面等価の原則（国民所得の三面等価の原則、三面等価原則なども可）
　　(2)　（ア）20　（イ）0　（ウ）120　（エ）50　（オ）300
　　　　（カ）50　（キ）100　（ク）90　（ケ）80　（コ）400
　　(3)　⑩4300　⑪5800　⑫1200
　　(4)　11300

解説

問19　国民所得計算(1)　解法パターン型　★★☆

(1)　正解は**解答**を参照。

　表中の数値は次の通りになる。

生産主体	生産額	中間投入額	石油輸入額	付加価値額
農　　　家	30	0	10	20
製 粉 会 社	50	30	10	10
製パン会社	90	50	20	20
合　　　計	170	80	40	50

　たとえば 1 の場合、設問の指示である「小麦を生産する農家、それを小麦粉にする製粉会社……だけからなる」とあるのだから、小麦農家の生産した小麦がすべて製粉会社の原材料として中間投入額となる。すなわち、農家の生産額＝製粉会社の中間投入額というわけである。ここが30と分かれば、 3 については「付加価値額＝生産額－中間生産物の額」から「50－(30＋10)＝10」と計算できる（燃料とした石油輸入額も中間生産物であることに注意）。他も同様に計算すればよい。

(2)　正解は 解　答 を参照。

　石油の価格が2倍になり、また石油以外の各製品の価格が20％上昇した場合、表中の数値は次の通りになる。

生産主体	生産額	中間投入額	石油輸入額	付加価値額
農　　　家	36	0	20	16
製 粉 会 社	60	36	20	4
製パン会社	108	60	40	8
合　　　計	204	96	80	28

　たとえば、農家の生産額は、元は30だったのだから、これが「20％上昇」すれば、「30×1.2＝36」となる。同じく農家について、石油輸入額は元は10だったのが2倍になったのだから、「10×2＝20」となる。付加価値額については(1)と同様の手順で改めて計算すればよい。農家の場合は「36－(0＋20)＝16」となる。他の生産主体も同様に計算すればよい。

問20　国民所得計算(2)　解法パターン型　★★☆

　正解は500。
＜計算方法　その1＞　付加価値額＝生産額－中間生産物の額
＜計算方法　その2＞　付加価値額＝賃金＋利潤
　農家の付加価値額：生産額100万円－中間生産物の額0万円＝100万円
　製粉業者の付加価値額：生産額300万円－中間生産物の額100万円＝200万円
　製パン業者の付加価値額：賃金140万円＋利潤60万円＝200万円
　3者の付加価値の合計額：100万円＋200万円＋200万円＝500万円

問 21　国民所得計算(3)　解法パターン型　★★☆

正解は**解 答**を参照。

- [1] GDP ＝消費＋投資＋政府支出＋輸出－輸入
  ＝民間最終消費支出＋国内総固定資本形成＋在庫品増加＋政府最終消費支出＋財貨・サービスの輸出－財貨・サービスの輸入
  ＝ 540 ＋ 220 ＋ 30 ＋ 80 ＋ 120 － 110
  ＝ 880

- [2] GNP ＝ GDP ＋海外からの所得－海外への所得
  ＝ 880 ＋ 80 － 40
  ＝ 920

- [3] NDP ＝ GDP －固定資本減耗
  ＝ 880 － 130
  ＝ 750

- [4] NNP ＝ GNP －固定資本減耗
  ＝ 920 － 130
  ＝ 790

- [5] NI ＝ NNP －生産・輸入に課される税（間接税）＋補助金
  ＝ 790 － 40 ＋ 20
  ＝ 770

問 22　経済成長率の計算　解法パターン型　★★☆

正解は④。

年	名目 GDP	GDP デフレーター	実質 GDP
X － 1	492.1	91.2	$\frac{492.1}{91.2} \times 100 =$ 約 539.6
X	474.0	90.0	$\frac{474.0}{90.0} \times 100 =$ 約 526.7

X 年の実質経済成長率 ＝ $\frac{\text{X 年の実質 GDP} － \text{(X － 1)年の実質 GDP}}{\text{(X － 1)年の実質 GDP}} \times 100$

$= \frac{526.7 － 539.6}{539.6} \times 100$

$\fallingdotseq － 2.4 \,(\%)$

問 23　乗数効果　知識応用型　★★★

- [1] 正解は乗数。　　[2] 正解は 300。

[1] 政府支出や投資、あるいは輸出の増加が国内の需要増加を生み出し、そのこと

が更なる生産や需要の増加へとつながっていく経済的波及効果は、一般に、乗数効果と呼ばれる。

　2　ΔD を需要の増加額、ΔY を最終的な国民所得の増加額、X を乗数としたとき、乗数効果を示す式は次のようになる。

　　ΔY = X × ΔD

設問文の条件より、ΔD = 100（億円）、X = 3 のとき、ΔY = 300（億円）となる。

問 24　GDP デフレーター（物価指数）　情報推論型　★★★

正解は 解答 を参照。例題 17 も参照。

2020 年の名目 GDP と 2021 年の名目 GDP を求める

2020 年の名目 GDP
= 2020 年の X 財価格 × 2020 年の X 財の生産量 + 2020 年の Y 財価格 × 2020 年の Y 財の生産量
= 200 円 × 90 個 + 100 円 × 210 個
= 39000 円

2021 年の名目 GDP
= 2021 年の X 財価格 × 2021 年の X 財の生産量 + 2021 年の Y 財価格 × 2021 年の Y 財の生産量
= 210 円 × 100 個 + 90 円 × 200 個
= 39000 円　　　　　← 1

2021 年の GDP デフレーターを求める

2021 年の GDP デフレーター
$= \dfrac{2021 \text{ 年の X 財価格} \times 2021 \text{ 年の X 財の生産量} + 2021 \text{ 年の Y 財価格} \times 2021 \text{ 年の Y 財の生産量}}{2020 \text{ 年の X 財価格} \times 2021 \text{ 年の X 財の生産量} + 2020 \text{ 年の Y 財価格} \times 2021 \text{ 年の Y 財の生産量}} \times 100$

$= \dfrac{210 \text{ 円} \times 100 \text{ 個} + 90 \text{ 円} \times 200 \text{ 個}}{200 \text{ 円} \times 100 \text{ 個} + 100 \text{ 円} \times 200 \text{ 個}} \times 100$

= 97.5　　　　　← 3

2020 年の実質 GDP と 2021 年の実質 GDP を求める

	名目 GDP	GDP デフレーター	実質 GDP
2020 年	39000 円	100	$\dfrac{39000 \text{ 円}}{100} \times 100 = 39000 \text{ 円}$
2021 年	39000 円	97.5	$\dfrac{39000 \text{ 円}}{97.5} \times 100 = 40000 \text{ 円}$
	↑ 1	↑ 3	↑ 2

名目GDP成長率、実質GDP成長率、GDPデフレーターの変化率を求める

名目GDP成長率 $= \dfrac{39000 - 39000}{39000} \times 100$

$= 0\ (\%)$ ← 4

実質GDP成長率 $= \dfrac{40000 - 39000}{39000} \times 100$

$=$ 約 $2.56\cdots(\%)$ → 四捨五入で 2.6% ← 5

GDPデフレーターの変化率 $= \dfrac{97.5 - 100}{100} \times 100$

$= -2.5\ (\%)$ ← 6

X財の価格変化率とY財の価格変化率を求める

X財の価格変化率 $= \dfrac{210 - 200}{200} \times 100$

$= 5\ (\%)$ ← 7

Y財の価格変化率 $= \dfrac{90 - 100}{100} \times 100$

$= -10\ (\%)$ ← 8

別解

2 ・ 3 については、別の計算方法も考えられる。まず、「2021年の実質GDP」とは、基準年である2020年の物価水準での2021年のGDPということなのだから、財の価格は2020年を、生産量は2021年の数値をもとに、上記と同様に計算すればよい。すなわち、

2021年の実質GDP

$=$ 2020年のX財価格×2021年のX財の生産量 + 2020年のY財価格×2021年のY財の生産量

$=$ 200円×100個 + 100円×200個

$=$ 40000円 ← 2

例題16で示した名目GDPと実質GDPとGDPデフレーター（物価指数）との関係から

$\dfrac{2021\text{年の名目GDP}}{\text{GDPデフレーター}} \times 100 = 2021\text{年の実質GDP}$

$\dfrac{39000\text{円}}{\text{GDPデフレーター}} \times 100 = 40000\text{円}$

GDPデフレーター $= 97.5$ ← 3

問25 経済循環と国民所得計算　情報推論型　★★☆

(1) 正解は 解答 を参照。

(2) 正解は 解答 を参照。

空欄（ア）〜（コ）は、第3図のなかにある数字を当てはめていくことで解答できる。第3図によれば、B企業は、A企業からA生産物を20kg、C企業からC生産物を120個購入し、また家計からは労働者を50人雇い、1年間で300台のB生産物を生産している。一方、C企業は、A企業からA生産物を50kg、B企業からB生産物を100台、自分のところからC生産物を90個購入し、また家計からは労働者を80人雇い、1年間で400個のC生産物を生産している。

(3) ⑩ 正解は4300。　⑪ 正解は5800。　⑫ 正解は1200。

付加価値は、産出額から投入額を差し引く（控除する）ことで求めることができる。また、産出額は産出量に単価を、投入額は投入量に単価を、それぞれ乗ずる（かけ算をする）ことによって求めることができる。

> 付加価値＝産出額−投入額
> 産出額＝産出量×単価　　　投入額＝投入量×単価

⑩　A企業の産出額＝ 200 × 40
　　　　　　　　 ＝ 8000
　　A企業の投入額＝ 40 × 40 ＋ 30 × 30 ＋ 60 × 20
　　　　　　　　 ＝ 1600 ＋ 900 ＋ 1200
　　　　　　　　 ＝ 3700
　　A企業の付加価値＝ 8000 − 3700
　　　　　　　　　 ＝ 4300

⑪　B企業の産出額＝ 300 × 30
　　　　　　　　 ＝ 9000
　　B企業の投入額＝ 20 × 40 ＋ 120 × 20
　　　　　　　　 ＝ 800 ＋ 2400
　　　　　　　　 ＝ 3200
　　B企業の付加価値＝ 9000 − 3200
　　　　　　　　　 ＝ 5800

⑫　C企業の産出額＝ 400 × 20
　　　　　　　　 ＝ 8000
　　C企業の投入額＝ 50 × 40 ＋ 100 × 30 ＋ 90 × 20
　　　　　　　　 ＝ 2000 ＋ 3000 ＋ 1800
　　　　　　　　 ＝ 6800

$$C\text{企業の付加価値} = 8000 - 6800$$
$$= 1200$$

(4) 正解は11300。

三つの企業の付加価値の総和が国民所得となる。

国民所得＝A企業の付加価値＋B企業の付加価値＋C企業の付加価値
$$= 4300 + 5800 + 1200$$
$$= 11300$$

練習問題6　比較生産費説

解答

問26　③
問27　(1)　④　　(2)　③

解説

問26　比較生産費説(1)　数学的思考型　★★☆

正解は③。

各商品の相対費用（2商品の生産費の比率のこと）は次の表の通り。

	商品Xの相対費用 （XのYに対する比較生産費）	商品Yの相対費用 （YのXに対する比較生産費）
A国	$\dfrac{100}{120}$	$\dfrac{120}{100}$
B国	$\dfrac{90}{80}$	$\dfrac{80}{90}$

商品Xの相対費用は、A国の方がB国よりも小さい。一方、商品Yの相対費用は、B国の方がA国よりも小さい。これらのことから、A国は商品Xに、B国は商品Yにそれぞれ比較優位をもつということがわかる。そして、A国は商品X、B国は商品Yに特化して生産を行うというのが、比較生産費説に合致する結論となることから、選択肢②④は正解から外れ、①③に絞られる。

ここで、A国では労働者が220人存在し、B国では労働者が170人存在し、各国とも貿易前は、商品Xと商品Yをそれぞれ1単位ずつ生産しているとする。A国とB国のそれぞれの商品1単位の生産に必要な労働者数とそれぞれの商品の生産量（特化前、貿易前）は、次表のように整理できる。

特化前（貿易前）の両商品の合計生産量

	商品X （生産量）	商品Y （生産量）
A国	100人 （1単位）	120人 （1単位）
B国	90人 （1単位）	80人 （1単位）
合計生産量 両国計	2単位	2単位

次に、両国が比較優位をもつ商品の生産に特化したときについて考える。この場合、それぞれの商品の生産量は、次表のように整理できる。

特化後（貿易開始後）の両商品の合計生産量

	商品X （生産量）	商品Y （生産量）
A国	220人 （2.2単位）	0人 （0単位）
B国	0人 （0単位）	170人 （2.125単位）
合計生産量 両国計	2.2単位	2.125単位

先の二つの表を比較すると、商品Xの合計生産量は、特化前（貿易前）が2単位だったのに対し、特化後（貿易開始後）は2.2単位と、0.2単位増加していることが確認できる。一方、商品Yの合計生産量は、特化前（貿易前）が2単位だったのに対し、特化後（貿易開始後）は2.125単位と、こちらも0.125単位増加していることがわかる。

以上より、③が正解となる。

問27　比較生産費説(2)　数学的思考型　★★★

(1)　正解は④。

表によれば、B国における労働単位数（生産費）が、2財ともにA国の労働単位数（生産費）よりも多く必要とする。つまり、B国はA国と比べて両方の財の生産に劣っているのだから、選択肢①は正解から外れ、②～④に絞られる。

次に"各国がどの財に比較優位をもつか"について考える。各財の相対費用（2財の生産費の比率）は次の表の通り。

	X財の相対費用 （XのYに対する比較生産費）	Y財の相対費用 （YのXに対する比較生産費）
A国	$\dfrac{3}{6} = \dfrac{1}{2}$	$\dfrac{6}{3} = 2$
B国	$\dfrac{12}{18} = \dfrac{2}{3}$	$\dfrac{18}{12} = \dfrac{3}{2}$

 X財の相対費用は、A国の方がB国よりも小さい。一方、Y財の相対費用は、B国の方がA国よりも小さい。これらのことから、A国はX財に、B国はY財にそれぞれ比較優位をもつということがわかる。そして、A国はX財、B国はY財の生産・輸出に特化するというのが、比較生産費説に合致する結論となることから、④が正解となる。

(2) 正解は③。

 X財1単位に対してY財が$\dfrac{1}{2}$単位以上$\dfrac{2}{3}$単位以下の範囲で交換（貿易取引）が行われる場合、両国に貿易上の利益が生まれる（詳細は次の図を参照）。このことから、この範囲内（$\dfrac{1}{2}$単位以上、$\dfrac{2}{3}$単位以下）でのみ交換取引（貿易取引）が実現すると考えられる。

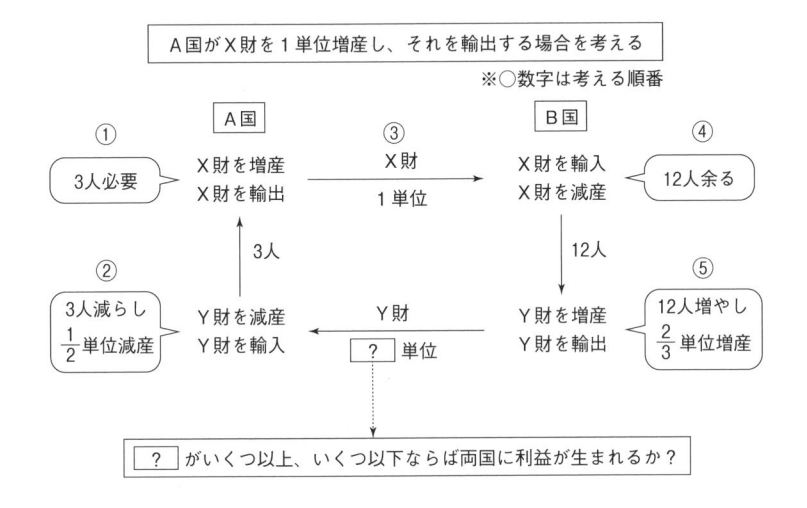

A国がX財を1単位増産し、それを輸出する場合を考える

※○数字は考える順番

① 3人必要
② 3人減らし $\dfrac{1}{2}$単位減産
③ X財 1単位
④ 12人余る
⑤ 12人増やし $\dfrac{2}{3}$単位増産

A国：X財を増産 X財を輸出／Y財を減産 Y財を輸入
B国：X財を輸入 X財を減産／Y財を増産 Y財を輸出

3人／12人／Y財 ? 単位

? がいくつ以上、いくつ以下ならば両国に利益が生まれるか？

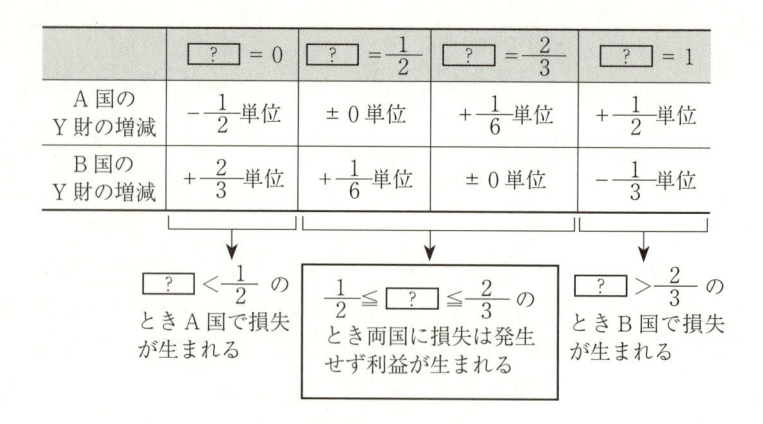

	$\boxed{?}=0$	$\boxed{?}=\frac{1}{2}$	$\boxed{?}=\frac{2}{3}$	$\boxed{?}=1$
A国の Y財の増減	$-\frac{1}{2}$単位	±0単位	$+\frac{1}{6}$単位	$+\frac{1}{2}$単位
B国の Y財の増減	$+\frac{2}{3}$単位	$+\frac{1}{6}$単位	±0単位	$-\frac{1}{3}$単位

$\boxed{?}<\frac{1}{2}$ の
ときA国で損失
が生まれる

$\frac{1}{2}\leq\boxed{?}\leq\frac{2}{3}$ の
とき両国に損失は発生
せず利益が生まれる

$\boxed{?}>\frac{2}{3}$ の
ときB国で損失
が生まれる

練習問題7　国際収支・為替レート

解答

問28　A　24.8　　B　24.5
問29　④
問30　③
問31　ア　273.90　　イ　105.22

解説

問28　国際収支表　解法パターン型　★☆☆

A　正解は24.8。　B　正解は24.5。

A　経常収支＝貿易・サービス収支＋第一次所得収支＋第二次所得収支
　　　＝ 9.8 ＋ 16.3 ＋（－1.3）
　　　＝ 24.8（兆円）

B　経常収支＋資本移転等収支－金融収支＋誤差脱漏＝0
　　　24.8 ＋（－0.4）－ B ＋ 0.1 ＝ 0
　　　　　　　　　　　　　B ＝ 24.5（兆円）

問29　為替レートの変動(1)　解法パターン型　★☆☆

正解は④。

1 ユーロ＝ 131 円	⇒	1 ユーロ＝ 111 円
2億ユーロの売上げ ↓　円に換算すると 262 億円に相当 （2 億× 131 ＝ 262 億円）		2億ユーロの売上げ ↓　円に換算すると 222 億円に相当 （2 億× 111 ＝ 222 億円）

つまり、売上げは262億円から222億円へと40億円減少したことになるので、④が正解となる。

問30　為替レートの変動(2)　数学的思考型　★★☆

正解は③。

1万円を運用した例を想定しよう。

① 正文。

	現時点 1 ドル＝ 100 円	⇒	1年後 1 ドル＝ 100 円
日本で運用	10,000 円	⇒ 金利2% ⇒	10,200 円
アメリカで運用	100 ドル (10,000 円に相当)	⇒ 金利1% ⇒	101 ドル (10,100 円に相当)

日本で資金を運用した方が円での収益は大きい。

② 正文。

	現時点 1 ドル＝ 100 円	⇒	1年後 1 ドル＝ 90 円
日本で運用	10,000 円	⇒ 金利2% ⇒	10,200 円
アメリカで運用	100 ドル (10,000 円に相当)	⇒ 金利1% ⇒	101 ドル (9,090 円に相当)

日本で資金を運用した方が円での収益は大きい。

③ 誤文。

	現時点 1 ドル＝ 100 円	⇒	1年後 1 ドル＝ 90 円
日本で運用	10,000 円	⇒ 金利2% ⇒	10,200 円
アメリカで運用	100 ドル (10,000 円に相当)	⇒ 金利3% ⇒	103 ドル (9,270 円に相当)

「アメリカで資金を運用した方が円での収益は大きい」という説明は誤り。むしろ、日本で資金を運用した方が円での収益は大きい。

④ 正文。		現時点 1ドル＝100円	⇒			1年後 1ドル＝110円
日本で運用		10,000円	⇒	金利2%	⇒	10,200円
アメリカで運用		100ドル （10,000円に相当）	⇒	金利3%	⇒	103ドル （11,330円に相当）

アメリカで資金を運用した方が円での収益は大きい。

問31　購買力平価説　情報推論型　★★☆

　ア　正解は273.90。　　イ　正解は105.22。

　ア　1ドル＝110円のとき、アメリカのハンバーガー（2.49ドル）を円に換算すると、273.90円になる（2.49 × 110 = 273.90）。

　イ　日本のハンバーガー（262円）とアメリカのハンバーガー（2.49ドル）が等価となるような為替相場を求めるには、比を用いて計算すればよい。

　262円と2.49ドルが等しくなるような円レートを計算すると、

　　1（ドル）：x（円）＝ 2.49（ドル）：262（円）　より

　　　　$x = 262 ÷ 2.49$

　　　　　＝ 105.2208…

　　　　　↓　105.2208…を小数第3位を四捨五入

　　　　$x = 105.22$

練習問題8　その他計算問題

解　答

問32　4000円
問33　10%増加

解　説

問32　期待値の計算(1)　公式利用型　★☆☆

　正解は4000円。

　期待所得（期待値）＝ 1万円 × $\frac{1}{4}$ ＋ 2000円 × $\frac{3}{4}$

　　　　　　　　　　＝ 4000円

問33　期待値の計算(2)　数学的思考型　★★★

　正解は10%増加。まずは、3か月後に1ドル＝102円となるケースと、1ドル＝162円となるケースとに分けて、それぞれ売上代金の価値が増加あるいは減少するのかを考

える。その次に、3か月後に期待される円建ての売上代金（期待値）を考える。

1ドル＝120円が、3か月後に1ドル＝102円となるケース

売上代金が1ドルである場合、円に換算した売上代金の価値は、120円から102円へと15％減少することになる（$\frac{102-120}{120} \times 100 = -15\%$）。

1ドル＝120円が、3か月後に1ドル＝162円となるケース

売上代金が1ドルである場合、円に換算した売上代金の価値は、120円から162円へと35％増加することになる（$\frac{162-120}{120} \times 100 = 35\%$）。

期待値（3か月後に期待される円建ての売上代金）を考える

$$期待値 = \frac{85}{100} \times \frac{1}{2} + \frac{135}{100} \times \frac{1}{2} \quad \Leftarrow \quad 15\%減少 \times \frac{1}{2} + 35\%増加 \times \frac{1}{2}$$

$$= \frac{85}{200} + \frac{135}{200}$$

$$= \frac{220}{200}$$

$$= \frac{110}{100} \text{（10％増加）}$$

別解

最初に、為替レートの期待値を求める方法もある。1ドル＝102円となる確率が2分の1、1ドル＝162円となる確率が2分の1なので、1ドルあたりの円レートの期待値は

$$102円 \times \frac{1}{2} + 162円 \times \frac{1}{2} = 132円$$

すなわち、「1ドル＝120円」が「1ドル＝132円」となるので、これにもとづく変化率は

$$\frac{132-120}{120} = 0.1$$

となり、10％の増加だと計算できる

論述問題編

練習問題1　民主政治の基本原理・日本国憲法の基本原理

問1　夜警国家　簡潔定義型　★☆☆

書くべきポイント

夜警国家……国家の役割を、夜警＝治安維持などに限定する。
　　　　　　（国家に積極的な役割を認める福祉国家と対比して押さえよう）

解答例1 国家の役割の範囲を最小限にとどめる考え。(20字)

解答例2 治安維持など最小限に役割を絞る国家観。(19字)

解答例3 福祉の役割を担わない自由主義的な国家観。(20字)

問2　レッセ・フェール　簡潔定義型　★☆☆

書くべきポイント

「レッセ・フェール」の日本語訳は「自由放任（主義）」。国家が、人々の生活に極力介入・干渉せず、人々の自由に任せるということ。

解答例1 国家の干渉の排除を主張する、経済的自由主義の考え方。(26字)

解答例2 人々の自由な活動を保障する、自由放任主義の考え方のこと。(28字)

問3　王権神授説　知識組合せ型　★★☆

書くべきポイント

(a)　ロックは社会契約説の思想家。彼の社会契約説は絶対王政を批判するものであったが、その絶対王政を擁護した思想が、フィルマーらの唱えた王権神授説。
(b)　王権神授説とは、その文字通り、国王の絶対的な権力は、神によって授けられたとする政治上の説のこと。

解答例

ロックはフィルマーの思想を批判した。それは、国王の権力は神から授けられたものだという政治思想である。(50字)

問4　法の支配　知識組合せ型　★★★

書くべきポイント

　人権保障を旨とする最高法規である憲法による支配であり、統治を担う者はこの憲法にしたがわなければならないということなので、以下の条文にあらわれているとされる。
- (a)　最高法規の規定（第98条）　⎫
- (b)　違憲立法審査制度（第81条）　⎬ …憲法違反の法令・行為を認めない
- (c)　公務員の憲法尊重擁護義務（第99条）…統治を担う公務員は憲法に従う
- (d)　人権の永久不可侵性（第11・97条）…国民の自由・権利を擁護する

解答例

　「法の支配」の観念のあらわれとされるものとして、憲法に反する法律や国家行為は効力をもたないとする規定をあげることができる。また、公務員が憲法を尊重し擁護する義務をもつことをうたう規定や、最高裁判所が法律や国家行為の憲法適合性を審査する権限を有するという規定をあげることができる。その他、国民の基本的人権の永久性と不可侵性をうたっている規定も、「法の支配」の観念のあらわれであるといえる。（193字）

問5　国際人権規約と日本の対応　簡潔定義型　★☆☆

書くべきポイント

　留保した三つの事柄を知っているかどうかがポイント。その三つを列挙すればよい。ただし、「中等・高等教育の無償化」を「中学校・高等学校の無償化」と記述しないこと。中等教育は中学・高校などを指し（その他に6年制中等教育学校や特別支援学校の中等部・高等部などもこれにあたる）、高等教育は大学・大学院などを指す。

解答例

　公の休日にも給与を支払うこと、公務員にもストライキ権を保障すること、中等教育および高等教育を無償化すること、の三つの事項について留保した。（69字）

問6　大日本帝国憲法　知識組合せ型　★★★

書くべきポイント

　(a)大日本帝国憲法下ではあったが日本国憲法下では存在しない制度であり、(b)存在しなくなったのは平等に反するという理由によるもの、という二つの条件を満たす事柄を

あげなければならない。たとえば「天皇の統帥権」は、(a)の条件こそ満たすが、(b)の条件を満たすとはいえないので、適切な解答ではない。

解答例

華族制度。大日本帝国憲法下では、江戸時代の藩主や公家に由来する華族には特権が認められていた。また、皇族や華族などで構成される貴族院が帝国議会に設けられていた。(79字)

「家」制度。大日本帝国憲法時代の民法は、「家」の統率者である戸主が婚姻の同意権をもつなど、戸主以外の家族の意思よりも戸主の意思に優位をおく規定を設けていた。(78字)

※「戸主」は「家長」としてもよい。

問7　日本国憲法の改正手続き　定義詳細型　★☆☆

書くべきポイント

憲法第96条に規定されている改憲手続きを、そのまま記せばよい。(a)国会による発議、(b)国民投票による承認、の2つが絶対必要なポイントになる。(a)では、通常の議決のように出席議員ではなく「総議員の3分の2以上」である点をきちんと示す必要がある。(b)では、国民投票法によれば有効投票総数の過半数となっているが、憲法の規定ではたんに「過半数」なので、こちらを記述しても差し支えはないだろう。字数が不足する場合には、(c)天皇による公布を加えるとよい。

解答例1

衆議院と参議院の各議院でそれぞれ総議員の3分の2以上の賛成で国会が憲法改正を発議し、国民に提案する。これを受けて国民投票が実施され、その過半数の賛成によって憲法改正が承認される。(89字)

解答例2

衆参各議院の総議員の3分の2以上の賛成で国会が憲法改正を発議し、さらに国民投票で過半数の賛成を得ることによって憲法改正が成立し、天皇が国民の名でこれを公布する。(80字)

問8　日本国憲法改正の限界　知識推論型　★★☆

書くべきポイント

　日本国憲法は、基本的人権を「侵すことのできない永久の権利」としている。そうであれば、基本的人権そのものを否定することは、「永久の権利」であることを否定するのだから、日本国憲法を前提にしたその改正という枠内では考えられないことになろう。同様に前文で、国政の権威は国民に由来し福利は国民が享受することを「人類普遍の原理」であり「これに反する一切の憲法……を排除する」としている。このように、国民主権原理そのものを否定することも考えられないことになる。

解答例1　日本国憲法の三つの基本原理をくつがえす改正はできない。(27字)
解答例2　立憲主義を支える国民主権原理や人権尊重原理は改変できない。(29字)
解答例3　自由や権利を守るという憲法の本質を否定することはできない。(29字)

問9　個別的自衛権と集団的自衛権　知識組合せ型　★★☆

書くべきポイント

　例題5を参照。ただしこの問いの場合、たんに集団的自衛権の定義を記すだけではなく、「個別的自衛権とどう違うのか」を解答することが求められているので、両者の違いをはっきりと打ち出す（「この点が異なっている」）ような書き方であるほうが望ましい。下の解答例では、最後でその点を明確に示した。

解答例

　個別的自衛権は自国への直接の武力攻撃があったときに行使される防衛行動の権利である。これに対し、集団的自衛権は自国への直接の武力攻撃がなくても行使されることになる防衛行動の権利である。つまり、個別的自衛権と集団的自衛権は、自国への直接の武力攻撃の有無によって発動要件が異なる。(137字)

問10　最高裁判所の違憲判決　簡潔定義型　★★☆

書くべきポイント

　最高裁判所が法律の規定を違憲だと判断した例は数少ないが、その最初の例が尊属殺人重罰規定であったことを、知識としてもっておかなければ解答できない。しかし、それが分かっていれば、最高裁判所の違憲判決は押さえておかなければならない基本事項

なので、それについて記せばよい。

> 解答例1

尊属殺人に著しく重い法定刑を定めている刑法の規定は、憲法の法の下の平等に反し違憲であるという判決。(49字)

> 解答例2

普通殺人罪に比べて著しく重い刑罰を定めている刑法の尊属殺人罪の規定は、不合理な差別にあたる。(46字)

> 解答例3

直系尊属を殺害した場合の刑罰を一般の殺人より特別に重くすることは、憲法の定める法の下の平等に反する。(50字)

☞ ややハイレベルな知識になるが、この解答では「著しく重い」といった表現が本来は必要である。最高裁判所の判決は、「少しでも重くするのは憲法違反」としたのではなく、いわば「尊属殺人の刑罰を重くすること自体に問題はないが、刑法の規定はその程度をあまりにも重くしすぎているので、ここまで重くするのは憲法違反」という判断なのである。したがって、厳しく採点すれば、「著しく」といった一言がないと、減点される可能性がある。

問11　報道・取材の自由　知識推論型　★★☆

> 書くべきポイント

2つの点を考えてみよう。一つは、マスメディアの存在意義である。マスメディアがなければどういうことになるだろうか。政府や議会の動向すら分からないのだから、民主主義は成り立たないのではないだろうか。もう一つは、報道・取材の自由である。こうした自由が認められるからこそ、マスメディアはその使命・役割を果たすことができる。この点から考えれば、「報道・取材の自由がなければ民主主義は成り立たない」という論理が組み立てられるだろう。

> 解答例

主権者である国民が政治参加する上では、事実に関する正しい情報が必要であり、そうした情報を取材し国民に提供することがマスコミ機関の役割である。したがって、報道・取材の自由を保障することの意義は、国民の政治参加を保障することにある。(114字)

問12　政教分離原則　簡潔定義型　★☆☆

書くべきポイント

「財政的側面」という指示がある。したがって、政教分離のうちの、宗教団体のための公金支出の禁止について記せばよい。

解答例1

日本国憲法は、特定の宗教組織・宗教団体を援助するために、公金や公の財産を支出することを禁じている。(49字)

解答例2

日本国憲法は、国家と宗教上の組織が結びつくことを防止するため、宗教上の組織・団体への公金支出を禁じている。(53字)

問13　罪刑法定主義(1)　簡潔定義型　★☆☆

書くべきポイント

罪刑法定主義の定義、すなわち「何が犯罪となり、それに対してどのような刑罰が科されるかは、あらかじめ法律で定めなければならない」ということを、そのまま記せばよい。その際、「あらかじめ」という点を落とさないように（すなわち事後法による処罰の禁止というニュアンスを含めることに）注意したい。

解答例

いかなる行為が犯罪であり、それに対してどのような刑罰を科すかは、あらかじめ法によって定めなければならないという考え方。(59字)

問14　罪刑法定主義(2)　知識推論型　★☆☆

書くべきポイント

「罪刑法定主義がないとしたら」と仮定して推論してみよう。国家が好き勝手に「これは犯罪だ」と認定できてしまい、人々はいつでも「犯罪者」とされる可能性にさらされ、自由や人権は失われてしまうだろう。

解答例1

国家権力が恣意的に逮捕し刑罰を科す可能性が高まるため、国民の自由や権利が大幅

に制約され、人間としての尊厳を守れなくなってしまうことになる。(69字)

> 解答例2

いかなる行為が犯罪であるかが明確ではないため、人々には一つ一つの行為が犯罪にならないかという不安が常に伴うことになって、自由な行動ができなくなる。(73字)

問15　プライバシーの権利　簡潔定義型　★★☆

> 書くべきポイント

「プライバシーの権利」には、(a)伝統的な意味での捉え方と、(b)現代的な捉え方と、2つがある点をまず確認しよう。(a)は、自らの私生活をみだりに公開されない権利という消極的な意味である。(b)はより広く、自己に関する情報を自らが管理する権利（自己情報コントロール権）として捉えるものである。字数の余裕もあるので、(a)を述べるだけで終わらせるのではなく（おそらくそれでは字数も不足する）、近年にはより広く、(b)としても捉えられているという点まで示すべきであろう。

> 解答例1

幸福追求権を根拠として主張されており、私生活に関してみだりに公開されない権利であるとともに、自己に関する情報を自ら管理する権利としても捉えられている。(75字)

> 解答例2

もともとは私生活をみだりに公開されない権利という意味であったが、情報化の進展などを背景に、近年はより広く、自己情報コントロール権としても捉えられている。(76字)

練習問題2　日本の政治機構・現代政治の特質と課題

問16　衆議院の優越　知識組合せ型　★★☆

> 書くべきポイント

「比較しつつ」とあるので、予算議決と内閣総理大臣の指名との違う点を対比させて記述したい。法律案の場合と違って再議決が不要であるなど基本的には同じだが、(a)予算については衆議院に先議権がある、(b)参議院が議決しない場合の日数の規定、という点が異なっている。この2点に触れるべきことは、指定語句として「先議権」と「10日」

があがっていることから見破れるはずである。

> 解答例

　予算についてのみ衆議院に先議権がある。予算の議決も内閣総理大臣の指名も、両議院の議決が異なり、両院協議会を開いても意見が一致しない場合は、衆議院の議決が国会の議決となるが、予算は30日以内、内閣総理大臣の指名は10日以内に、これを参議院で議決しない場合には、衆議院の議決が国会の議決となる。（143字）

問17　首相公選制　知識推論型　★☆☆

> 書くべきポイント

　一例として、現在の議院内閣制と対比して考えてみよう。議会多数派を背景に内閣が構成されるのが現在の制度だが、国民の直接選挙で首相が選ばれるとなると、必ずしも議会多数派を背景にするとは限らない。その場合、議会と内閣との連携が困難になることが想定される。

> 解答例1　議会と首相が対立し、政治的な決定が停滞する可能性が高まる。（29字）
> 解答例2　首相に対する議会の抑制機能が弱まり首相が独走する危険がある。（30字）
> 解答例3　人気を重視するなどした大衆迎合主義の政治に陥る危険性がある。（30字）

問18　最高裁判所裁判官の国民審査　知識組合せ型　★★☆

> 書くべきポイント

　「仕組み」については、「過半数が罷免を可とした場合には罷免される」、「衆議院議員総選挙の際に実施される」として、憲法の規定にしたがって記せばよい。おのずと指定語句もすべて使うことになる。そして「意義」についても記すことが求められている。国民審査の制度は、憲法第15条が「国民固有の権利」としている、公務員の選定罷免権を具体化するものである。国民が主権者なのだから、政治のあり方に関わる公務員を選定し罷免できるのは、当然のことといえよう。

> 解答例1

　最高裁判所裁判官の国民審査は、衆議院議員総選挙の際に実施される。その結果、有効投票総数の過半数が罷免を可とするとき、その裁判官は罷免される。国民審査は、裁判官の任命を主権者である国民の民主的コントロールの下におくことで、不適任者

を排除することや内閣による恣意的な任命を防止することに意義がある。(147字)

> 解答例2

最高裁判所裁判官の国民審査は、投票者の過半数が罷免すべきとした裁判官は罷免されるというもので、衆議院議員総選挙の際にあわせて実施される。これは、憲法が国民に保障している公務員の選定罷免権を具体化するものであり、裁判官を主権者である国民の下におくことで、司法に対する民主的統制を図るという意義がある。(149字)

問19　統治行為論　簡潔定義型　★★☆

> 書くべきポイント

いわゆる統治行為論は、高度に政治的な国家行為は、一見極めて明白に違憲でない限り司法審査の対象外であるとする考え。設問で「違憲審査の権限は、『統治行為』には及ばないと判断された裁判例もある」とあるのだから、ここでいう「統治行為」は、いまの説明でいえば「高度に政治的な国家行為」の部分にあたると分かるだろう。

> 解答例1

衆議院の解散や外交条約の締結など、高度の政治性を有する行為のことを意味する。(38字)

> 解答例2

統治行為とは、裁判所ではなく、国会や内閣が政治的に判断すべきとされる行為をいう。(40字)

問20　違憲立法（法令）審査制度　知識組合せ型　★★☆

> 書くべきポイント

アメリカの制度とドイツの制度の特徴的な違いは、次の通り。
(a)アメリカ：付随的違憲審査制＝具体的な事件の審理の中で必要に応じて憲法判断を行う。通常の司法裁判所が担当。
(b)ドイツ：抽象的違憲審査制＝具体的事件とは無関係に憲法判断を行う。特別の憲法裁判所が担当。

> 解答例1

アメリカでは、通常の裁判所が具体的な事件について違憲立法審査を行い、ドイツで

は、憲法裁判所が具体的な事件と関係なく違憲立法審査を行う。(67字)

解答例2

アメリカの違憲立法審査制度は、訴訟事件が起きないと審査が開始されない。ドイツの違憲立法審査制度は、事件の有無に関わりなく審査が行われる。(68字)

解答例3

アメリカは付随的違憲審査制を採用しており、通常の司法裁判所が審査を行う。ドイツは抽象的違憲審査制を採用しており、憲法裁判所が審査を行う。(68字)

問21　地方自治　簡潔定義型　★☆☆

書くべきポイント

ブライスの有名な言葉の、そのままの意味を説明すればよい。地方自治は、民主主義の「学校」すなわち学ぶ場である。ただし、「地方自治は民主主義を学ぶ場である」だけでは字数が大幅に不足するので、「学ぶ」の意味などを具体的に記したい。

解答例1

人々が地域社会の政治に参加することにより、主権者としての自覚を高めることができる、という意味。(47字)

解答例2

身近な地方政治に参画することで、民主主義のあり方を学びそれを担うのに必要な力を育成することができる、という意味。(56字)

解答例3

地域住民が身近な公共問題について考え、その解決に参加することにより、民主政治の担い手として必要な能力を形成できる、という意味。(63字)

問22　住民投票　簡潔定義型　★☆☆

書くべきポイント

「憲法が定める」とある点に注意。住民投票条例にもとづく住民投票や、地方自治法などに基づく住民投票と混同してはならない。憲法第95条は、国会が地方特別法（特定の地方自治体にのみ適用される法律）を制定する際には、住民投票によって住民の同

意を得なければならないことを定めている。

> **解答例1**

国会が地方特別法を制定する際に実施される住民投票のこと。(28字)

> **解答例2**

一の地方公共団体に適用される特別法を制定する際に行われる。(29字)

※ 解答例2にある「一の」というのは、「一つの」ではなく「特定の」という意味である。したがって、ここを「特定の」と記してもよい。また、「地方特別法」は「地方自治特別法」と呼ばれる例も多いので、解答例1でそのように記してもよい。

問23 名望家政党　簡潔定義型　★☆☆

> **書くべきポイント**

名望家政党は、財産のある者のみが選挙権を有していた制限選挙の時代に支配的だった政党のあり方。普通選挙の普及に伴い、大衆政党がこれに代わるようになった。

> **解答例1**

制限選挙の時代に台頭した、財産と教養のある階層の人々による政党。(32字)

> **解答例2**

財産と教養をもつ有力者を中心に成り立っている政党のこと。(28字)

問24 連立政権と単独政権　知識推論型　★☆☆

> **書くべきポイント**

政党は、政治的な意見を基本的に同じくする人々によって組織されている。ということは、連立政権であればさまざまな（複数の）意見が政権に反映されるが、政治的な意見の対立を抱えることになる。この点から考えれば、長短も推論できるだろう。

> **解答例1**

■長所：複数の政党の意見が政治に反映され多様な意思が実現する。(27字)
■短所：政権与党内での政党間対立が生じた場合に政治が停滞する。(27字)

解答例2

- **長所**：議会で単独過半数を占める政党がなくても、少数与党という状況を回避できる。(36字)
- **短所**：政党間の対立などを背景に、政局が不安定となる。(23字)

問25　公務員の天下り　知識推論型　★★☆

書くべきポイント

天下り＝官僚が官庁退職後に民間企業や関連団体に再就職すること。
族議員＝特定の政策分野に精通し大きな影響力をもつ議員。
政官業の癒着＝政治家・官僚・業界（民間企業やその団体など）の癒着

解答例1

天下りとは、公務員を退職した者が、在職中に関係の深かった民間企業や特殊法人などに再就職することをいう。天下りには、特定の企業や業界と行政機関との癒着を生み出すという問題点がある。特定の分野の政策決定に影響力をもつ族議員とも結びつくことで、政官業の癒着が汚職事件へと発展する可能性もある。(143字)

解答例2

天下りは、官僚が退職後に、関連する民間企業などに再就職する習慣のことである。そして、族議員と呼ばれる政治家が業界団体の意向を官庁に反映させている現状が指摘される。これらによって政官業の癒着が成立し、特定の企業・業界の利益が優先的に政治に反映される構造となり、民主政治が歪められるという問題が生じる。(149字)

練習問題3　現代の国際政治・国際社会の諸課題

問26　常任理事国がもつ拒否権　簡潔定義型　★☆☆

書くべきポイント

　字数が多いならば、実質事項限定であることなども記せるだろう。しかし、字数が20字以内ときわめて少ないので、要点中の要点を記すしかできないだろう。むしろ、いかに短く要点を示すかがポイントとなろう。

解答例1　大国が単独で決議の成立を阻止できる権限。(20字)

解答例2 決議を不成立にすることができる権限。(18字)

問27 安全保障理事会の表決手続　定義詳細型　★★☆

書くべきポイント

字数に余裕があるので、手続事項と実質事項とに分けて説明することが望ましい。
- (a)手続事項：9理事国以上の賛成によって決議は成立する。
- (b)実質事項：9理事国以上の賛成があり、かつ常任理事国が1か国でも反対していないことで、決議は成立する。
　　　　　→　常任理事国が1か国でも反対したら決議は成立しない

解答例1

手続事項の決議は、9理事国以上の賛成があれば成立する。一方、実質事項については大国一致の原則がとられており、すべての常任理事国を含む9理事国の賛成が決議の成立には必要である。(87字)

解答例2

手続事項のでは9理事国以上の賛成による多数決制が採用されている。実質事項も9理事国以上の賛成による多数決制ではあるが、拒否権制度により、常任理事国の反対があれば決議は成立しない。(88字)

問28 「平和のための結集」決議　知識組合せ型　★★☆

書くべきポイント

基本的には、「平和のための結集」決議とは何かを記せばよいが、指定語句をすべて使うためには、(a)常任理事国の拒否権行使による安全保障理事会が機能停止した場合に、(b)緊急特別総会を開催して、(c)平和のための集団的措置を総会が加盟国に勧告できる、という点まできちんと示さなければならない。それでも字数が不足する場合には、(d)朝鮮戦争に際して採択された、という背景まで踏み込む方法がある。

解答例

朝鮮戦争に際して国連総会で採択された決議である。この決議によれば、常任理事国が拒否権を行使することによって安全保障理事会が平和維持の機能を果たせなくなった場合には、緊急特別総会を開催し、出席し投票する国の3分の2以上の賛成によって、国際平和と安全のための集団的措置を加盟国に勧告することができる。(148字)

問29　国連平和維持活動（PKO）　知識組合せ型　★★☆

書くべきポイント

　200字とかなり多い字数なので、(a)憲章での位置づけや成立の背景、(b)活動内容、(c)活動の原則（同意・中立などの原則）について盛り込むことが必要となる。例題23に示した「書くべき事柄」を参照のこと。

解答例1

　ＰＫＯは、国連憲章に明文の規定をもたない活動であり、正規の国連軍が結成されない中での国連活動の積み重ねを通じて生み出されたものである。加盟国が自発的に提供した部隊が、紛争の拡大防止や停戦監視、選挙監視などを行うというもので、軍事的制裁を目的にするものではない。そのため、当事国の同意にもとづいて中立の立場で行動することが原則であり、武器の使用も自衛のための最小限度の範囲内に限られている。（194字）

　　☞ PKOが生まれた背景についてやや詳しく述べた例。

解答例2

　ＰＫＯは、紛争の再発や拡大の防止を図ることを目的に展開される活動である。国連憲章に明文の規定をもたないが、国連憲章の第6章が定める紛争の平和的解決と第7章が定める強制的措置との中間にあたるという意味合いから、「第6章半活動」とも呼ばれる。ＰＫＯの部隊を派遣するには当事国の同意が必要である。また、ＰＫＯには中立の立場を維持することが求められ、自衛のため以外に武力を行使することは認められない。（196字）

　　☞ 憲章上の規定との関係をやや詳しくした例。

解答例3

　国連平和維持活動は、紛争当事者の要請や同意にもとづいて、一方に加担することなく中立の立場から、紛争の再燃や拡大を防止するために展開される、国連の活動である。国連が当初予定していた国連軍が結成されなかったなかで、国連加盟国が自発的に提供した人員をもとに形成されてきた。軽武装で兵力の引き離しなどの活動を担う平和維持軍や停戦監視団のみならず、選挙監視や暫定統治を担うものなど、様々な形で展開されている。（199字）

　　☞ 実際の活動のあり方についての記述を厚くした例。

問30　核拡散防止条約　簡潔定義型　★☆☆

書くべきポイント

核拡散防止条約は、アメリカ・ソ連（現ロシア）、イギリス、中国、フランスの「核兵器国」と、それ以外の「非核兵器国」とを区別して、義務を課している。
(a) 核兵器国：核兵器の保有が認められるが、非核兵器国に対する核兵器の譲渡や製造の援助などを禁止。
(b) 非核兵器国：核兵器の開発や保有を禁止。

解答例1

アメリカ・イギリス・ロシア・中国・フランスにのみ核兵器の保有を認め、それ以外の核兵器保有を禁止している条約。(54字)

解答例2

核兵器国にのみ核兵器の保有を認め、それ以外の非核兵器国が核兵器を開発したり保有したりすることを禁止する条約。(54字)

解答例3

核兵器の保有を認められている国以外の国による核兵器の開発や保有を禁止することで、核兵器の拡散を防ぐというもの。(55字)

練習問題4　現代経済のしくみ

問31　有効需要政策　簡潔定義型　★☆☆

書くべきポイント

(a) 有効需要の創出（増加）を目指す政策であることを明確にする。
(b) どのような経済政策によって有効需要を創出（増加）させるのかを説明する。

解答例1

政府が積極的に公共事業を実施することによって、貨幣購買力に裏付けられた需要である有効需要を創出して、経済の停滞を克服しようとする政策。(67字)

解答例2

公共投資を拡大させることによって、家計の消費や企業の投資を活発化させて有効需

要を創出し、完全雇用の実現を目指す政策。(58字)

問32　外部不経済　簡潔定義型　★☆☆

書くべきポイント

(a) 誰の経済活動が、どのような人に対して影響を及ぼすのか、を明確にする。
　　☞ ある経済主体の活動（ある人の経済活動）が、市場で対価を受け取ることのない他の経済主体（市場に参加していない第三者）に影響を及ぼすこと。
(b) どのような影響を及ぼすのか、を明確にする。
　　☞ 不利益（経済的損失、負の影響）を与える。

解答例1

外部不経済とは、ある経済主体の活動が、市場を通じることなく、他の経済主体に不利益を与えることをいう。(50字)

解答例2

公害や環境破壊のように、他の経済主体の活動によって、対価を受け取ることなく不利益を被ることをいう。(49字)

問33　企業の社会的責任（CSR）　簡潔定義型　★☆☆

書くべきポイント

文化活動あるいは芸術活動への支援であることを説明すればよい。寄付行為やボランティアなど企業の社会的貢献活動を意味するフィランソロピーと混同しないように注意しよう。

解答例1 企業がさまざまな文化活動に対する支援を行うこと。(24字)
解答例2 企業による文化・芸術活動への支援をいう。(20字)

問34　金融商品がかかえるリスク　定義詳細型　★★☆

書くべきポイント

購入時よりも価格（価値）が下がり（元本割れとなり）、損失が発生する可能性がある、ということを説明すればよい。

解答例

株式や債券を組み合わせた金融商品を購入したのち、株式市場や債券市場で株価や債券価格が暴落したならば、その金融商品の価格も大幅に下がることとなり、元本割れとなって損失を被るリスクがある。(92字)

問35　国債　知識組合せ型　★★☆

書くべきポイント

（方法1）発行目的の違いを対比して説明する。
（方法2）財政法上の発行ルールの違いを説明する。

解答例1

赤字（特例）国債は歳入不足を補うための国債である。一方、建設国債は公共事業などの財源を調達するための国債である。(56字)

解答例2

歳入不足を補う赤字国債は、財政法で発行が禁じられている。公共事業などの財源を調達するための建設国債は、財政法で発行が認められている。(66字)

問36　財政の硬直化　簡潔定義型　★☆☆

書くべきポイント

(a) 歳出に占める国債費の割合が大きくなった場合に「財政の硬直化」に陥りやすい、ということを説明する。
(b) 国債費の割合が拡大することで柔軟な（機動的な）財政支出が困難になる（他の財政支出が圧迫される）、ということを説明する。

解答例1

歳出に占める国債費の割合が拡大し、機動的な財政支出が難しくなる状態をいう。(37字)

解答例2

予算に占める国債費の割合が大きくなり、財政の自由度が失われている状態を意味する。(40字)

問37　物価　知識組合せ型　★★☆

書くべきポイント

(a)　「物価は上昇する」という結論は必要不可欠。
(b)　なぜ物価が上昇することになるのか、を市場メカニズムの考え方を用いて説明する。
　☞　"賃金率の上昇＝需要の拡大"、"労働生産性の上昇＝供給の拡大"と捉えることができるかどうかがポイントとなる。

解答例

賃金率の上昇が労働生産性の上昇を継続的に上回るということは、需要量の増加率が供給量の増加率を継続的に上回ることを意味する。このとき超過需要が発生することになるから、物価は上昇すると考えられる。(96字)

練習問題5　日本経済の発展と諸課題・労働と社会保障

問38　バブル経済の崩壊　簡潔定義型　★☆☆

書くべきポイント

次の解答例に示す"バブル崩壊の要因"は、いつでも書けるようにしておきたい。

解答例

・日本銀行による金利の引上げ（公定歩合）の引上げ
・不動産融資の総量規制　　・地価税の導入
・土地基本法の制定　　　　・投機的土地取引の抑制　　など より二つ

問39　経済のソフト化・サービス化　簡潔定義型　★☆☆

書くべきポイント

(a)　「ソフト化」を具体的に説明する。
　☞　ハード面（商品そのもの）のみならずソフト面（商品に付加される情報知識やサービスなど無形の価値）が重視され、その価値評価が高まっていくこと。
(b)　「サービス化」を具体的に説明する。
　☞　生産額のうち、ハード（モノ）の生産額よりもサービスの生産額の割合が増加すること。あるいは、第3次産業の比重（サービス産業に従事する就労者の比重）が高まることをいう。

> **解答例**

経済のソフト化・サービス化とは、商品それ自体よりも商品に付加されるデザインや機能、アフターサービスなど無形の価値の比重が増加することや、経済に占める第3次産業の比重が増加したりすることをいう。(96字)

問40　食料問題　知識推論型　★☆☆

> **書くべきポイント**

不測の事態が起こった場合に国内で食料不足に陥る可能性が高まる、という趣旨の説明ができればよい。

> **解答例**

天候の異変などによる不作のために農作物の輸入が困難になった場合に、国内のみでは食料を安定的に確保することが困難となる。(59字)

問41　トレーサビリティー・システム　簡潔定義型　★☆☆

> **書くべきポイント**

商品（主として食品）がいつ、どこで生産され、どのような経路で消費者のもとにたどりついたのか、その流通履歴の追跡調査を可能にするしくみであることを、制限字数内で説明することがポイントとなる。

> **解答例**

食品が生産者から消費者までどのような流通経路を経てきたかを追跡できるようにするためのしくみをいう。(49字)

問42　環境問題　知識組合せ型　★★☆

> **書くべきポイント**

(a)【先進国の主張について】途上国と比べて環境保全に積極的な姿勢を示しており、先進国と途上国との協調なしには、地球環境問題は解決できないと主張している点が説明できればよいだろう。
(b)【途上国の主張について】先進国が途上国にも責任を負わせようとしていることに納得できず、地球環境問題の責任は先進国にあると主張している点、あるいは途上国

の経済開発の必要性を主張している点が説明できればよいだろう。

解答例

■**先進国**：地球規模の環境問題は、先進国と途上国との協調なくして解決できない、差し迫った課題である。積極的に環境保全を進めていかなければならない。（67字）

■**途上国**：地球規模の環境問題は、すでに経済的に発展を遂げた先進国による開発が招いたものである。先進国が途上国に対して経済開発よりも環境保全を求めることは、身勝手な主張である。（82字）

問43　公害の輸出　知識組合せ型　★★☆

書くべきポイント

(a)　「公害の輸出」とは、どのような悪影響が出ることかを説明する。
　☞　ある国の企業が、生産拠点（工場など）を移すことにより、移転先（進出先）の国で公害が発生すること。
(b)　「公害の輸出」が起きる背景を説明する。
　☞　国内の公害規制が厳しくなったこと、進出先の公害規制が比較的緩やかであることなどが背景にある。

解答例

公害対策を目的に厳しく生産活動を規制する国にある企業が、比較的規制の緩やかな国に生産拠点を移し、移転先で公害を発生させることをいう。（66字）

問44　環境アセスメント　簡潔定義型　★☆☆

書くべきポイント

(a)　【環境アセスメント＝環境影響評価】開発が環境に及ぼす影響について評価するしくみであることを説明する。
(b)　開発を行った後（事後）ではなく、開発に取りかかる前（事前）に環境影響評価を行うしくみであることも説明する。

解答例

大規模開発事業を実施する前に、開発行為が環境に与える影響を調査・予測・評価することで、環境破壊を未然に防止しようとする制度。（62字）

問45　ワークシェアリング　簡潔定義型　★☆☆

書くべきポイント

(a)「雇用」という指定語句 → 雇用の創出（増加や維持も可）が目的であることを説明する。
(b)「労働時間」という指定語句 → 一人当たりの労働時間を減らすしくみであることを説明する。

解答例

雇用の維持・創出を図ることを目的として、従業員一人当たりの労働時間を減らし、仕事を分かち合うこと。（49字）

問46　年金制度　知識組合せ型　★★☆

書くべきポイント

賦課方式の年金制度が、少子高齢化が進むにつれて現役世代の保険料負担が大きくなる制度である、ということを説明する。

解答例

現役世代の保険料で高齢者の年金給付をまかなうため、少子高齢化が進むにつれて、現役世代の保険料負担が増えるという問題。（58字）

問47　社会保障改革　自分の考え型　★★☆

書くべきポイント

「社会保障制度の抜本的改革が行われない理由」は、改革が実現した場合に何らかの損失（保険料や税の負担が大きくなる、年金給付が削減されるなど）を被る人々がいて、そうした人々の強い反発が存在するからである。そうした理由を、自分なりに考えて、まとめることができればよい。

解答例

増税や保険料の引上げによって社会保障制度を支える財源を確保しようとしても、これに反発する意見が強く、改革が進まないため。（60字）

問48　ノーマライゼーション　簡潔定義型　★☆☆

書くべきポイント

「普通の生活（ノーマルな暮らし、ノーマルな社会なども可）の実現」をめざす考え方（理念）である、ということを説明できるかどうかがポイントとなる。

解答例1

障害者や高齢者が、他の人々と同じように普通の生活ができる社会を実現すべきである、という考え方をいう。(50字)

解答例2

高齢者も若年者も、障害をもつ人もそうでない人も、同じ社会でともに生活することをめざす理念。(45字)
☞「同じ社会でともに生活」できる社会が「ノーマルな社会」という意味合いである。

練習問題6　国際経済

問49　リーマンショック　知識組合せ型　★★★

書くべきポイント

(a) サブプライムローンの回収困難により、誰がどのような損失を被ったのかを説明する。
(b) (a)の損失の発生が市場にどのような影響を与え、どのような経緯で景気の悪化（不況）へとつながったかを説明する。

解答例1

サブプライムローンを組み込んだ証券化商品を保有していた投資家や金融機関が損失を被るなか、さらに不良債権が膨らむかもしれないという疑心暗鬼から金融市場での貸出縮小が世界的に起こり、資金調達が困難となった事業会社での生産が急激に縮小したため。(119字)

解答例2

サブプライムローン関連の金融商品を購入していた金融機関が大きな損失を被ったことで信用不安が広がり、これを背景に、世界各地の株式市場では株価が暴落し、企業の投資や家計の消費の大幅な減退が生じたため。(98字)

問 50　貿易ルール　簡潔定義型　★★☆

書くべきポイント

(a) 最恵国待遇については、無差別（特定の国を優遇または差別せず）に、他の国と同じ条件で貿易することを、適切に説明したい。最恵国待遇と一般特恵関税（特定の国からの輸入品に対して通常よりも低い関税率を供与すること）を混同しないよう注意しよう。

(b) 一般に、ダンピングとは、採算を無視して安値で商品を売ることを意味する。しかし、この設問では「最恵国待遇」とあわせてその意味が問われていることから、貿易におけるダンピングという視点から説明すべきである。

解答例

■最恵国待遇

通商条約を締約した国が第三国に有利な貿易上の条件を与えた場合、その他のすべての締約国に対しても同等の条件を適用することをいう。(63字)

■ダンピング

ある製品を外国市場において販売する際に、他国製品との競争で優位に立つため、自国の市場価格よりも低い価格で販売することをいう。(62字)

問 51　関税同盟　知識組合せ型　★★☆

書くべきポイント

関税同盟とFTA（自由貿易協定）の一般的な定義を説明するとともに、両者の相違点を説明することがポイントとなる。

解答例

ＦＴＡが複数の国の間で相互に関税の撤廃あるいは引下げを行う取決めであるのに対し、関税同盟とは、複数の国が相互に関税の撤廃あるいは引下げを行うだけでなく、第三国に対して共通の関税を設ける取決めをいう。(99字)

問 52　ブロック経済　簡潔定義型　★☆☆

書くべきポイント

字数制限が30字以内と少な目であることから、ブロック経済の定義をコンパクトに示すことがポイントとなる。なお、指定字数が多い設問である場合には、歴史的背景や

国際情勢に与えた影響などについての説明を加えるとよいだろう。

> **解答例**

本国と植民地とが結びつき、排他的な経済圏を形成すること。(28字)

問53　南北問題(1)　簡潔定義型　★☆☆

> **書くべきポイント**

(1)については、特定の一次産品（原料や農産物）に依存する経済構造であったことを説明できるかどうかがポイントとなる。(2)については、植民地時代にモノカルチャー経済の構造が形成・固定化されてきた、という歴史的背景を説明すればよい。

> **解答例**

(1)単一あるいは少数の一次産品の生産・輸出に依存する経済のあり方をいう。(34字)
(2)植民地時代に本国の要求に応じるべく、生産活動が原料や農作物といった一次産品に集中したため。(45字)

問54　南北問題(2)　定義詳細型　★★★

> **書くべきポイント**

(a)　新国際経済秩序樹立宣言の内容を説明する。
　☞　新国際経済秩序樹立宣言の内容として、「天然資源に対する保有国の恒久主権」「多国籍企業の活動に対する規制や監視」「一次産品の価格の安定化」「先進国の開発援助の増大」などがある。これらのうち一つか二つで構わないから、答案において挙げられるようにしておきたい。
(b)　新国際経済秩序樹立宣言の意義を説明する。
　☞　同宣言は、その文字通り、新しい国際経済秩序を樹立することをめざすものである。どのような国際経済秩序を見直し、新たにどのような国際経済秩序を樹立しようとしているのか、その変革の方向性を説明すればよいだろう（例：「先進国中心の国際経済のあり方を見直しにつながることに意義がある」「途上国に不利な国際経済の構造の変革をめざすきっかけとなったことに意義がある」など）。

> **解答例**

「新国際経済秩序樹立宣言」は、資源ナショナリズムの高まりを受けて、発展途上諸国が提案し、国連資源特別総会で採択されたものである。この宣言には、天然資源に

対してその保有国が恒久的に主権をもつこと、多国籍企業の活動に対する規制や監視を行うこと、発展途上国が生産する一次産品の価格の安定化を図ること、先進国の開発援助を増大すべきことなどが盛り込まれた。世界の多くの国々が参加する国際連合の総会において、先進国に有利となっていたそれまでの国際経済体制を見直し、発展途上国の経済的立場を考慮した新しい国際経済秩序の樹立をめざすことを宣言したという点に意義がある。(276字)

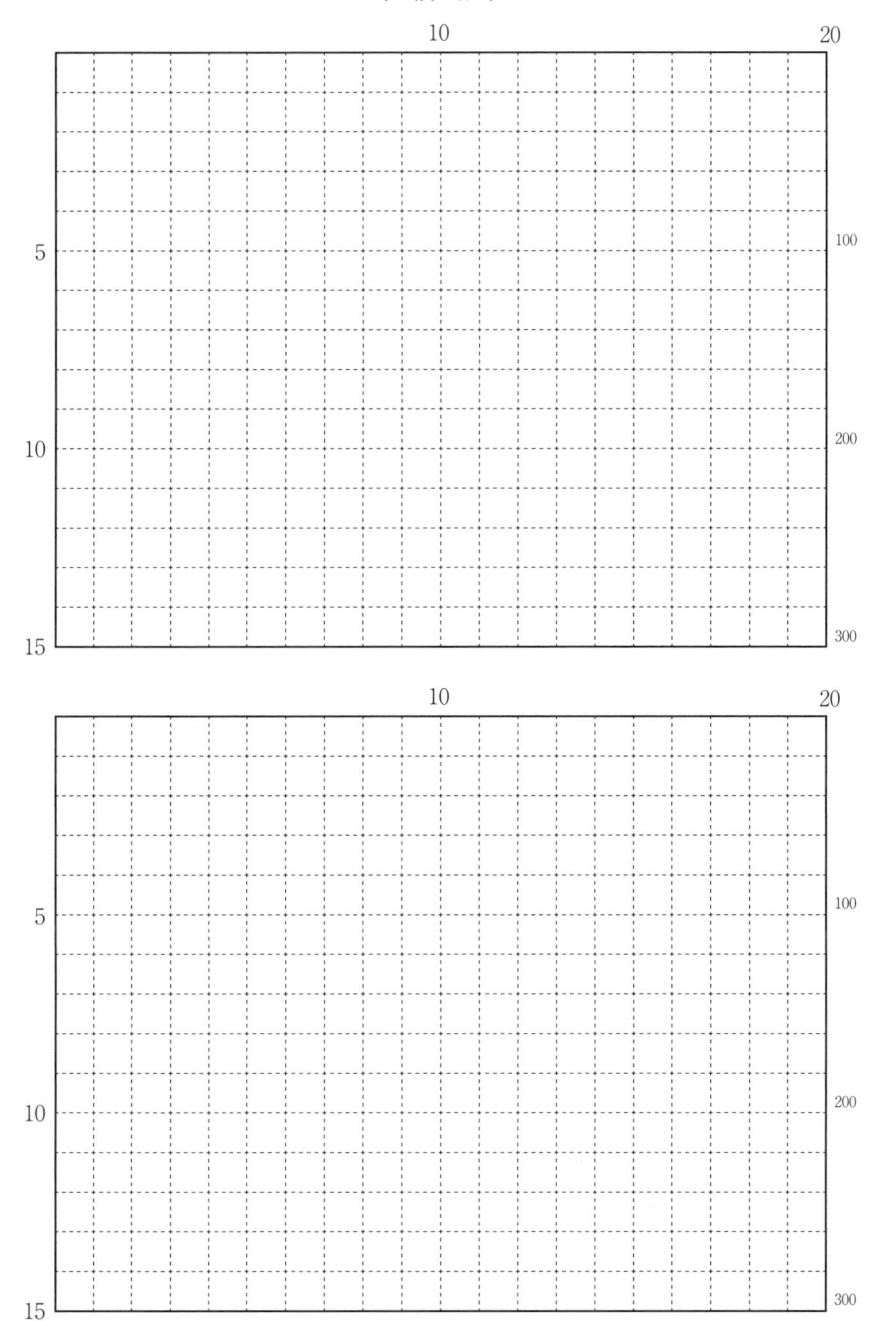

草稿用紙

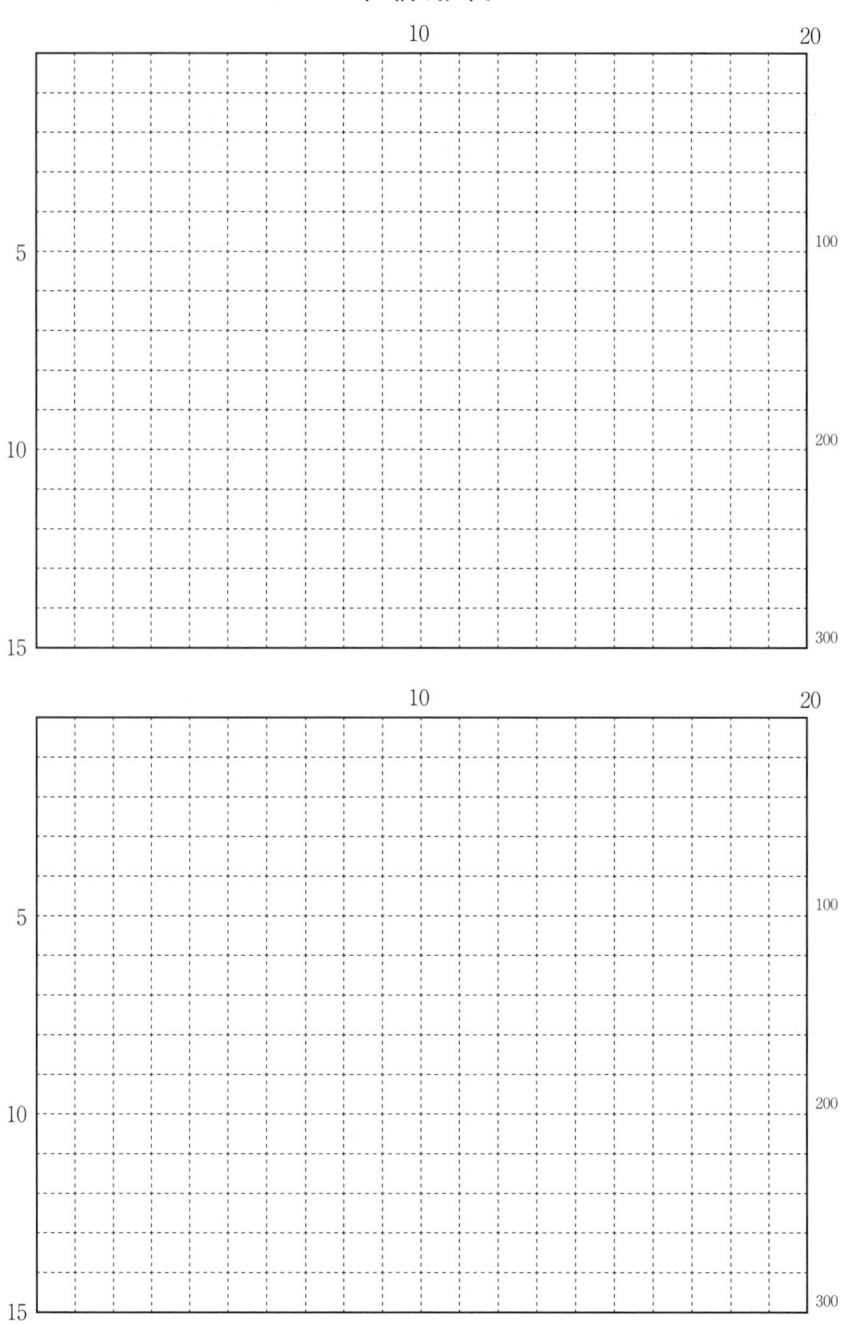

草 稿 用 紙

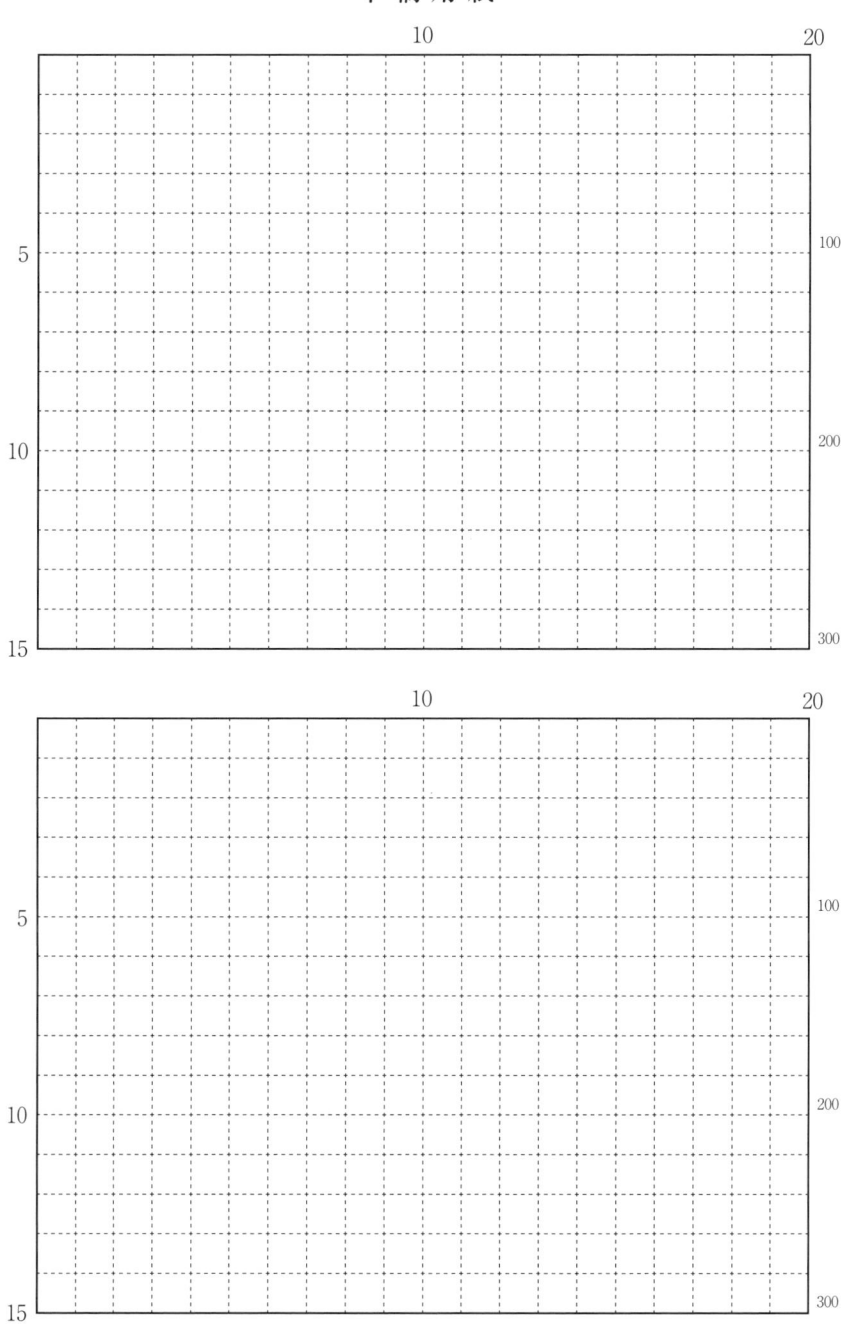

草 稿 用 紙

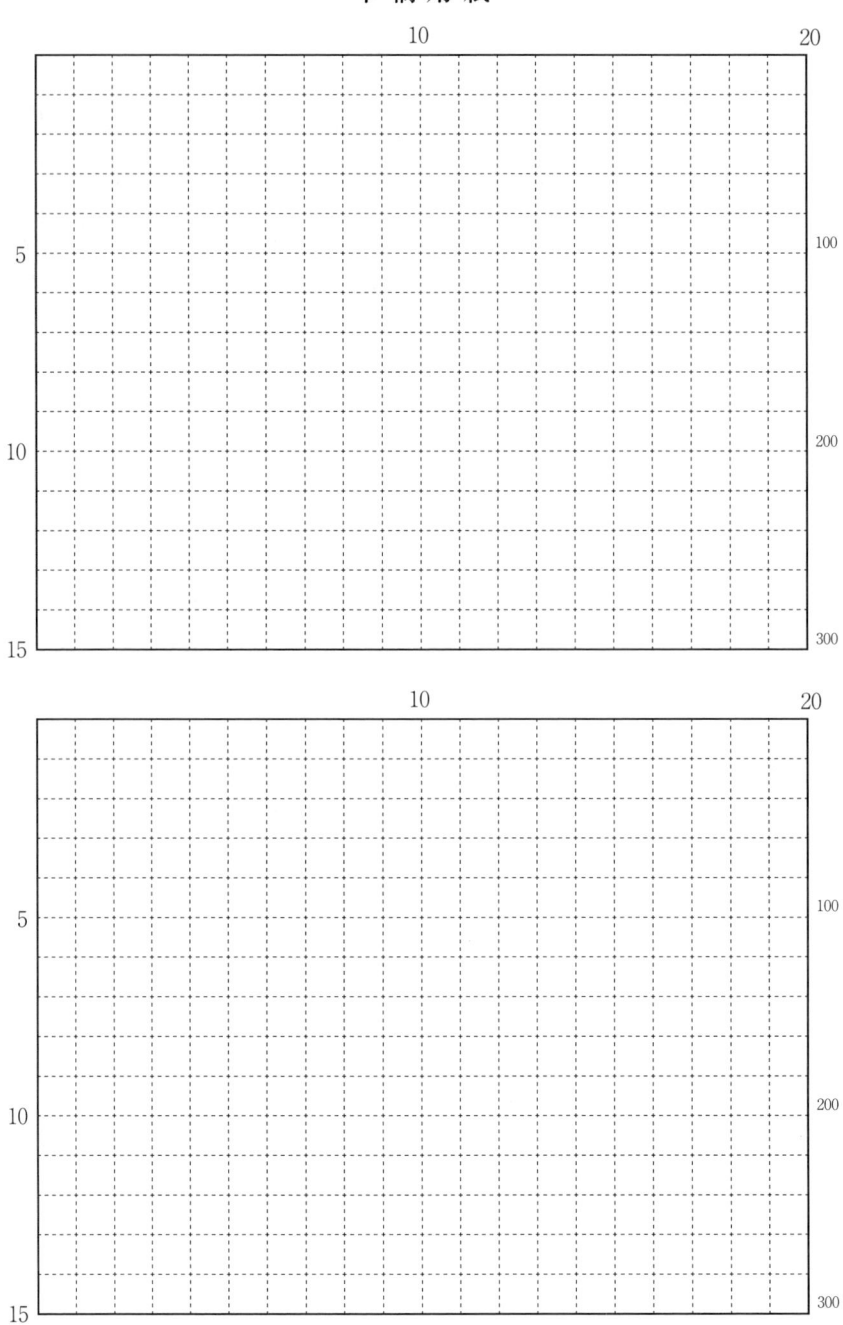

草 稿 用 紙

KP
KAWAI PUBLISHING